中国国家地理 CHINESE NATIONAL GEOGRAPHY
地道風物

风物

九龙口

林少波　南旺　主编

北京联合出版公司
Beijing United Publishing Co., Ltd.

来到九龙口，最令人瞩目的是其所拥有的国内罕见的“九龙戏珠”独特地貌——蚬河、林上河、钱沟河、安丰河、新舍河、溪河、莫河、涧河、城河九条自然河道，天然地汇集并簇拥起中央小岛——龙珠岛。 孙华金 摄

序言

九龙口：

超然江淮间，
敢为天下 XIAN

㊫ 林少波

中国南北地理分界线是秦岭—淮河一线。秦岭是山，淮河是水。作为中国七大河之一，淮河在古代与长江、黄河和济水并称“四渎”。人们对淮河的认知往往停留在地理位置层面，看似平静的外表使它稍显“平庸”。然而，淮河自古就是一条有故事的河流，它流经的土地上演过无数的传奇。

在“淮河城市群”中，作为“中国唯一一座没有山的地级市”，江苏盐城境内地势平坦，河渠纵横，湿地辽阔，市域东部拥有太平洋西海岸、亚洲大陆边缘最大的海岸型湿地，物产富饶。这种天然而独特的地理位置和城市禀赋，让它也成为长三角城市“朋友圈”的一员。

水土交融，南北毓秀。盐城的这种绝妙，也充分体现在其所辖县镇中。

位于盐城中西部的建湖县，背倚苏北平原，有“水乡明珠”之美誉。建湖县到 2021 年刚好建县 80 周年，但其县境属于古淮夷的一部分，人文荟萃，走出了“宋末三杰”之一的陆秀夫、共和国前外交部长乔冠华等名人。

一个地方若说人杰地灵，凭借大自然的鬼斧神工和天造地设，让其有独特之美可赏，我们为之赞叹、惊叹；另一方面，因为有人的参与和作为，让其有故事之奇可说，我们为之兴叹、感叹。

建湖县西南部的九龙口，就是这样一个可赏、可说的地方。概括来说，它是四个 XIAN：因地而“仙”，因水而“闲”，因物而“鲜”，因人而“先”。

一、地：九河汇集，秘境赛“仙”境

九龙口的地理位置非常独特，位于三地市（盐城市、淮安市、扬州市）和四县区（宝应县、建湖县、淮安区、阜宁县）的交界处，既多元丰富又和谐一体。

沧海桑田，海水的退却留出了古射阳湖发展的空间，黄河夺淮又将这千顷湖面改造成塘、河汊。海湾、潟湖、淡水湖的演变，造就出水中有陆、陆中有水的“九龙戏珠”奇观。在神州大地，两条河相汇很平常，三条河相聚算罕见，而在天然造化之下实现九条河汇集，则属当世奇观，说天造地设也不为过了。

盐城被誉为“东方湿地之都，仙鹤神鹿世界”，仙鹤、神鹿，都让人一下子联想到神仙世界，而九龙口也是一个“神仙小镇”。它地处射阳湖腹部，是我国现存最为完好的潟湖型原生态湿地。因为环境质量好，吸引了对栖息环境要求极其苛刻的“鸟中大熊猫”震旦鸦雀以及其他60多种野生鸟类在这里落户。此等秘境，不是江南胜似江南，不是仙境赛过仙境。

二、水：度假胜地，四季可休“闲”

目前，江苏省初步形成了沿江、沿河、沿湖、沿海的区域发展格局，当地正在着手建设里下河“水韵江苏”示范区，推动江苏内陆腹地高质量发展。里下河不是一条河，它是指江苏省江北里运河（京杭大运河江苏省段的中段）与串场河（俗称）、下河之间的地区，是江苏省长江与淮河之间最低洼的地区，是典型的水乡。

作为“里下河明珠”，九龙口水网密布，河流纵横交错，河、湖、荡、塘、沟、垛、滩、圩俱全，一笔一画勾勒出“水韵江苏”的风貌，可谓“金滩银荡”。自然景观美不胜收，这里已成为富有水乡风韵的里下河湖荡人居佳地，更是天然的度假旅游休闲胜地。

没有什么能够阻挡我们对美好生活的向往。作为“苏适圈”的一员，九龙口的“原生态、慢生活、深体验”真的让人舒适。湿地观鸟、温泉酒店、芦荡游船等各种文旅项目让人向往。九龙口利用自然禀赋又加上统筹运营，使里下河水韵魅力可见、可游、可感，已经成为上海、南京、苏锡常一带的人休闲度假游玩之地，全国各地更多的人也慕名而来。

三、物：人间至味，湖河时令“鲜”

人类史是美食史，美食史是味道史，味道史是保存食物的历史。以前交通不便也无冷冻设备，只能把食物通过泡腌糟晒等办法，做成酱、做成干。而那些拥有“水生万物”的便利之地，食材丰富，随时随地从水中捞出就能食用，生活在这里简直就是“神仙活法”，羡煞天下。

湖鲜河鲜，占尽“鲜”机。淮扬菜“天然去雕饰”，对食材也有更高的要求。河鲜要现杀现烹，定格其最佳风貌。要吃到正宗的淮扬菜，还得到江淮间的鱼米之乡，钻到河网密织的河荡巷弄中。九龙口风景如仙境、聚落如仙居，近海临湖，九河通畅，物产美食也

“鲜”名在外。最著名的，莫过于“九龙九鲜”，除了素九鲜，还有荤九鲜。

在九龙口，一年四季各式时鲜至味，轮番登场，可以让人变着花样吃个遍。餐桌之上，四季变幻，登台换角，但时令鲜味从不间断。天天有鲜、餐餐有鱼，是鱼米之乡的阔绰，也是九龙口人的日常。因此，到九龙口，除了赏“九龙戏珠”的奇观，也要尝“九龙九鲜”的美味，应时、应景、应地，趁鲜、寻鲜、尝鲜，就是对九龙口最好的敬意。

四、人：奋起淮甸，小镇勇争“先”

如果以地理位置视角看，淮河夹在长江与黄河两条大河之间，缺少独领风骚的尊荣；源头海拔太低，没有融雪与坚冰；水流太缓，见不到浊浪排空、乱石激涛的盛况；两岸是平原，除了村庄就是农田，缺少名山名水的景致，诗人佳句、驴友足迹，淮河也所留不多。

然而，就是这样一条河，在千年尺度的历史上一直是舞台中心。烽烟一起，南北兵家就在淮河两岸豪赌一场，而每次交锋的结局都会左右历史的走向。淮民自古就有一种悲情且不屈服于命运的秉性，他们一次又一次“奋起淮甸”，用自己的方式抗争，进而推动新旧更替。陈胜、吴广、项羽、刘邦、朱元璋……无论功过成败，他们无不是推动、改变历史的人。

盐城大多数人口是历朝江南移民后裔，因而民俗文化属于传统的江南文化范畴。盐城的建湖县是淮剧的发源地，九龙口正在打造“淮剧小镇”，进行着各种剧目创新，从以前的“慷慨悲歌”到如今的“自在喜乐”，悲磨炼我们的意志，乐愉悦我们的生活。还是那悠扬的调调，唱出了难以割舍的“乡情”，唱出了浩渺湖水的“深情”，唱出了时尚国潮的“激情”，也唱出了新时代美好生活的“热情”。

我第一次到九龙口时，听当地人讲过一个词叫“荡里人”，也就是在荡边生活的人。与平原上种地的人不同，他们更多是在水里讨生活，捕鱼、割柴草、编芦席、采菱藕，人人都是撑船好手。比起平原上的人，荡里人的生活更艰辛，也养成了他们强悍血气的性格。淮河人、盐城人、建湖人、九龙口人，自古以来世代传承，奋勇争先，从来不甘落后。

九龙口不是一开始就叫九龙口的，之前这里叫蒋营。1985年成立九龙口自然保护区，九龙口三个字正式成为地名。2009年10月，蒋营镇正式改名为九龙口镇。2012年12月18日，九龙口旅游度假区正式成立。改名称、改建制，体现了九龙口人的信心、决心乃至雄心，也是九龙口人“不甘平庸”的体现。

比起江南水乡的清秀，这里风烟泱漭，却助人神怡心旷。超然江淮间，敢为天下XIAN。

写于2021年5月19日中国旅游日

·玲珑三岛、芦荡客栈

下榻在玲珑三岛、芦荡客栈，不仅能品尝到地道的河鲜，还能在每日清晨被虫鸟的美妙歌喉唤醒。走出宿处，野趣风光尽收眼底，漫步前往芦荡深处，随着水流前行，鱼跃、虫鸣、鸟戏……大自然的生趣景象令人难以忘怀，一段绿色天然的水乡生活就此开启。

·温泉度假中心、淮杂演艺中心

九龙口拥有丰富的温泉资源，温泉水温达 50 摄氏度，水质清洁，富含各类矿物质。泡一泡温泉、观赏淮杂演出、品味美食……温泉度假中心与淮杂演艺中心成为人们紧张忙碌生活后身心放松的好去处。

九龙口 XIAN 游指南

『生态荡里』『绿色之肺』——这是许多造访者对九龙口最深刻的印象。的确，『原生态、慢生活、深体验』是九龙口为来客精心准备的一份别致礼物。

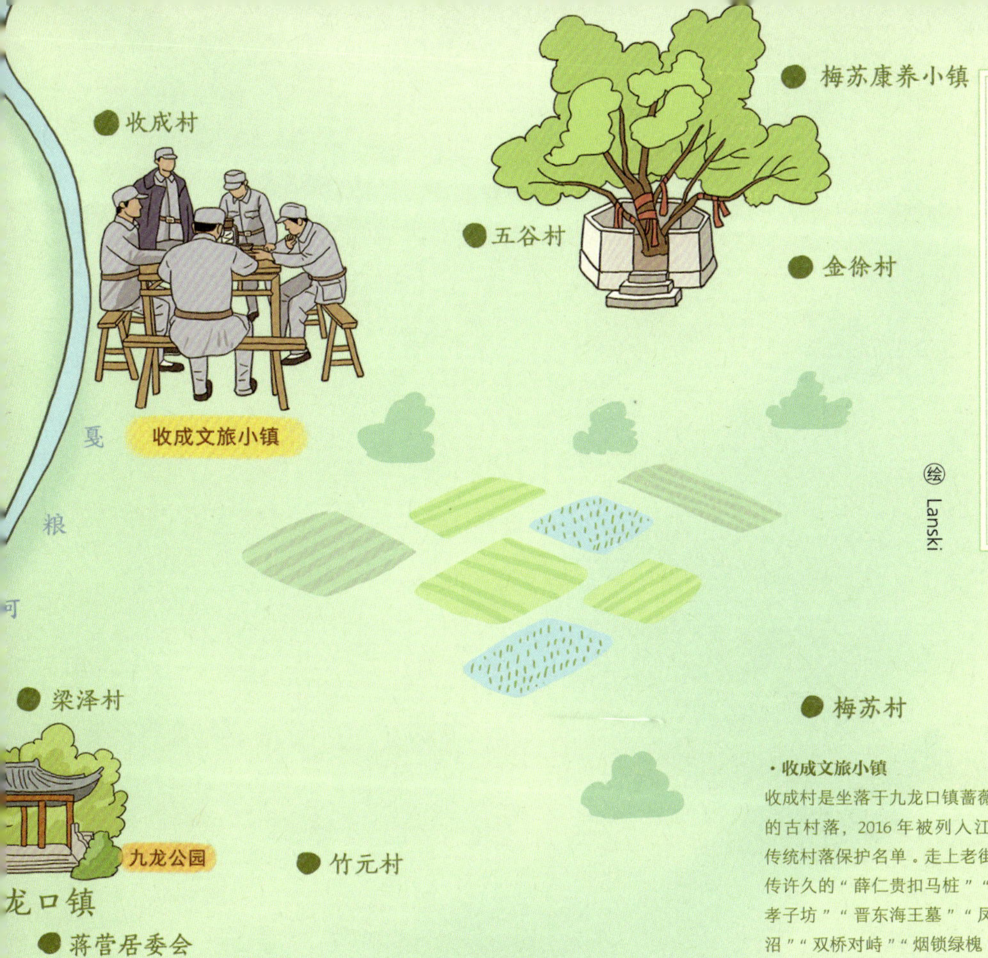

· 九龙公园、五谷村

倘若时间充裕，那就来一场漫无目的的旅行吧，九龙口的村落中总藏有意想不到的惊喜。到九龙公园去散步晨练，赶一场当地人的市集。到五谷村中，去拥抱都市中早已消逝的乡村风光，再去找一找那棵承载当地人们心愿的五谷母树。还有沿途的油菜花黄、豆荚花开，各类作物四季时分的动人光景……

· 收成文旅小镇

收成村是坐落于九龙口镇蔷薇河畔的古村落，2016 年被列入江苏省传统村落保护名单。走上老街，流传许久的“薛仁贵扣马桩”“薛公孝子坊”“晋东海王墓”“凤凰池沼”“双桥对峙”“烟锁绿槐”“古院钟声”“五港分流”八景逐一展现，给这处历史悠久的村落注入浓郁的文化色彩。

· 荷花漫

一眼望去，接天莲叶无穷碧，好似身处鱼米之乡的往日生活图景，让人联想到里下河地区人们农耕的忙碌身影。上千亩水乡农庄和荷韵空间，环绕近八百种荷花及水生植物；可垂钓可戏水的九龙鱼肆，可以享受难得的渔家乐趣与亲了时光；更有党建文化和廉政教育基地，是弘扬优良传统的精神家园。

· 九龙口国家湿地公园

来到九龙口国家湿地公园，首先要到湿地宣教馆，了解古潟湖的变迁。然后，在码头乘船，穿过一望无际的芦苇荡，登上龙珠岛，站在高处远眺。迎面扑来里下河地区典型的水乡气息，九条河流从四面八方蜿蜒而来，汇聚于此，形成了国内罕见的“九龙戏珠”的独特地貌。领略完水乡风光，还能在景区内观看一场精彩的水上表演，参与各项游玩项目。

· 淮剧小镇

漫游在占地 350 亩的淮剧小镇中，已说不清是在荡中游，还是在古村中穿梭。这里以国家湿地公园为底色，更凸显出老村落的古朴质感。小镇以获“文华大奖”的淮剧《小镇》为蓝本，以国家级非遗淮剧和杂技为依托，行走小镇，可摇身一变古装角色，偶遇剧中十八个场景，亲临小镇历史与传说。再欣赏一出经典淮剧，观看一场杂技表演，不时路过的地道美食让人垂涎，非遗技艺也不容错过……小镇还有多少惊喜和想象，就等你一起来体验。

目录

● 九龙口辽阔平坦，水网纵横，加之温润的气候，先天就具有“鱼米之乡”的优越条件。 李稔 摄

里下河明珠

九龙口，作为“江苏省首批生态文明建设示范镇”，不仅拥有里下河地区“鱼米之乡”的美誉，还悉心珍藏着大片湖荡和湿地。得天独厚的生态优势，加之当地人日益增长的保护意识，使得此地越发成为野生动植物青睐的栖息之地。当地的生活环境也由此得到反哺，呈现出一派纯天然、原生态的自然景象。地处三市四县交界地的九龙口，水运一度四通八达，多元文化由此汇聚一堂。世世代代依水而生的湖荡人家，在水土的涵养下，用辛勤培育出丰富物产，用淳朴创造出浓郁风情。他们在历史的长河中，越发执着于人类与自然和谐相处之道的践行，也收获了更多来自自然与岁月的馈赠。

从潟湖泽国到湿地水乡

文 韩健夫

中国古称“九州”，“州”者，据《说文解字》解，乃“水中可居”之意也。中国大川不可谓不多，黄河波涛汹涌哺育中华早期文明；长江源远流长滋润神州千家万户，中华文化均离不开水的滋润和养育。但如果说，哪一个地方能将这陆地和河水交融得如此之好，将诸多河水交汇得如此鬼斧神工，那非建湖县九龙口莫属。没有水就没有九龙口的一切，九龙口的一切又总围绕着水来转，水是九龙口的灵魂和根基。而这片位于盐城、淮安、扬州三市交界处的天然湖荡湿地风景区，是如何从潟湖泽国发展为现今的湿地水乡，还要从一万年前说起。

海与河的孕育

岁月如风，沧海桑田。海水慢慢退去，九龙口将迎来她呱呱坠地的时刻。

九龙口有着悠久的历史。距今一万年前，地球结束了距离我们最近的一次冰河期，进入气候变暖的阶段。随着全球温度的上升，当时覆盖在地球陆地表面上的大陆冰盖开始大面积融化，伴随而来的便是全球海平面高度的迅速上升，全世界低地空间遭遇大范围海侵。江苏北部海岸线的变动即是其中的典型事件。在距今 7200 年到 6300 年前，全球迎来了迄今为止最暖的千年，长江中下游地区的平均温度比现在高出 2.7℃，同时也出现了全新世以来海平面的最高点。海岸线就在现今建湖县以西的九龙口一线，那时的九龙口与大海融为一体，不分彼此，是一片浅水海湾景观。

岁月如风，沧海桑田。海水慢慢退去，九龙口将迎来她呱呱坠地的时刻。随着延续千年的全球转冷，距今 5500 年时，海岸线逐渐向东退却，稳定在北起阜宁羊寨，经喻口，至陈良西，沿龙冈、大冈，又入东台市西、海安市东的位置。同时，在历经数千载的海水冲刷后，当地逐渐形成了最为完整、规模最大的西冈古沙堤。从此以后，沙堤内侧，那原本属于海湾的地带就因沙冈的阻断，永远与沙堤外侧的大海分别，开始形成一个个或深或浅的潟湖，也就是这片潟湖酝酿出了古射阳湖，九龙口的前身也便由此成形。

之后，随着全球温度转冷的步伐减慢，直到距今 4000 年前，海岸线也并未再东扩太远，且一直延续到唐宋时期，著名的范公堤

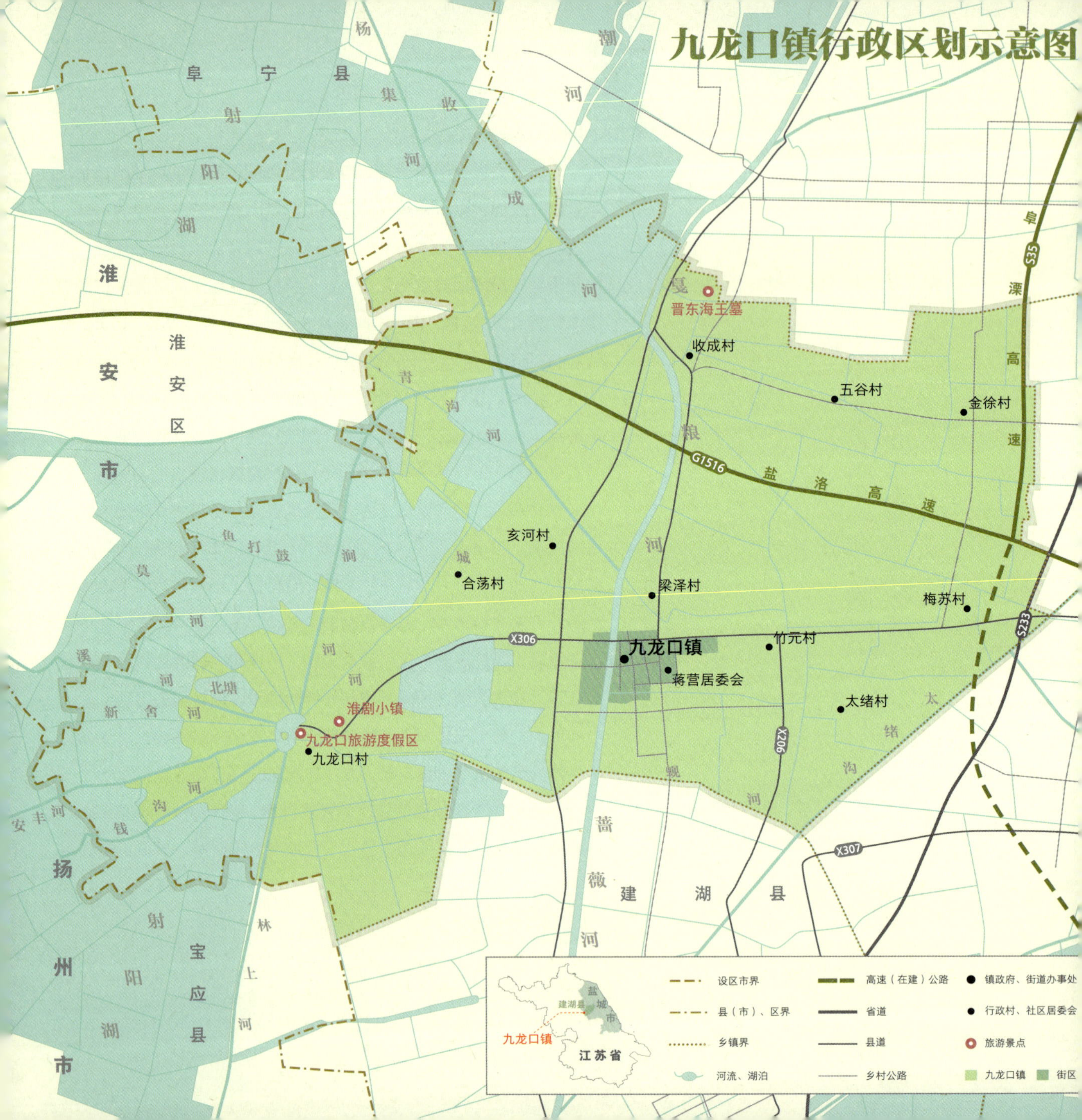
九龙口镇行政区划示意图
阜宁县
射阳湖
淮安市
淮安区
扬州市
宝应县
建湖县
晋东海王墓
收成村
五谷村
金徐村
亥河村
合荡村
梁泽村
梅苏村
九龙口镇
竹元村
蒋营居委会
太绪村
淮剧小镇
九龙口旅游度假区
九龙口村
G1516
盐洛高速
S35
阜溧高速
S233
X306
X206
X307
北塘
设区市界
县（市）、区界
乡镇界
河流、湖泊
高速（在建）公路
省道
县道
乡村公路
镇政府、街道办事处
行政村、社区居委会
旅游景点
九龙口镇
街区
盐城市
建湖县
江苏省

便为后人标记下历时三千年之久的海岸线位置。与此同时，与海洋隔离的潟湖也逐步变为纯淡水的内陆湖泊，接收来自西边河湖的水流，至唐宋时已经成长为江淮间巨浸，“其周回三百里，跨宝（应）淮（安）盐（城）阜（宁）四地”，名曰古射阳湖。

此时距离九龙口的诞生尚需时日，因为她还需要另外一条水源的注入，来做自己的助产士。岁月静好的古射阳湖平静安稳，号为巨泽，然而“长三百里，阔三十里”的平静湖面外，风波已在远方酝酿，一切将在未来彻底改变。北宋末年金人南下，改变的不仅仅是中国历史，还有中国地理的重要标志物——黄河。

金天会六年（1128 年），东京留守杜充为阻止金兵南下，人为决堤，使黄河汇入泗、颍、涡诸水入淮，从此黄河离开了历经数千年东北向流入渤海的河道，改由淮入海。明万历六年（1578 年），潘季驯治理黄河，大筑堤防，堵塞决口，使黄河由汴入泗，由泗入淮，其“束水冲沙”之法再一次改变了江淮地区的自然人文环境。波涛汹涌，裹挟泥沙的黄河冲入淮河后，以其势大倒灌进入洪泽湖，屡屡决破洪泽湖东面屏障高家堰，从而泄入里下河地区。日积月累，洪患不绝，洪水随淮河和洪泽湖的决口汹涌而来，进而带着大量泥沙侵入射阳湖。洪水过后便沉积起大量泥沙，填沟充壑，垫洼淤湖。原本射阳湖中地势较高处，逐步形成连片的草地、湖田等，而地势较低处，则成为湖荡和蛛网式港汊。从此古射阳湖横波千里、斜阳脉脉的大湖风光不再，取而代之的是芦荡万顷，河道港汊的金滩银荡，河、湖、荡、塘、沟、垛、滩、圩等水道形态

• 天然形成的大片芦苇荡和交错的河道养育出大量的鱼、虾、蟹等河鲜，成为当地人生活的依靠。 张维 摄

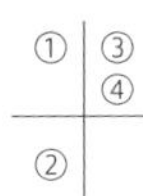

① 成群结队的大鹅，摇晃着身形在湿地漫步。 夏健才 摄

② 依水而居的人们，离不开船上生活。夏日的夜晚，与亲朋好友一同坐在船头上，聊天、看电视…… 夏健才 摄

③ 船曾经是人们主要的交通方式，行船间隙常能遇见熟人，打个招呼便能聊上许久。 夏健才 摄

④ 孩子们骑着水牛在水边嬉戏。 夏健才 摄

逐一出现，江苏北部水乡景观由此奠定。

如果说九龙口的渊源有人为因素的成分，那么，九龙口的水道形态就完全是自然造化了。广袤的湖荡滩域内，河道水汊纵横，几百年黄河泥沙侵袭下的古射阳湖变更了原来的模样。而在大自然的造化之下，最令世人惊奇的景观也就此诞生在江苏北部的大地之上。九条河如同巨龙一般汇集于此，实属罕见。黄河虽然侵袭了湖泊，却鬼斧神工般造就了九水合一的神迹，也算一份奇缘。九条河道中，林上河、钱沟河、安丰河、新舍河、涧河、莫河、溪河承接上游来水，汇入九河中心，蚬河、城河二河由中心出发，流向下游，汇入大海。在九河相汇的中心，有一龙珠岛，如果把九条河比作九条蜿蜒腾跃的巨龙，那么中心的龙珠岛就像是九龙围绕的明珠。在当地人的传说中，人们为了感谢青龙的除害之恩，称九河汇集之地为九龙口，而九龙口中心的龙珠岛尽管面积不大且地势不高，但在历次洪水中从未被水淹没，故而成为人们心目中吉祥如意的象征。

九龙口的物产多元丰富，离不开这方水土的滋养。“靠水吃水”，九龙口生态湿地内生物水产资源异常丰富，拥有 130 多种野生植物，60 多种野生鸟类和 30 多种水产品，是名副其实的“金滩银荡”。好水出好物，九龙口之所以能有如此丰富的物产，离不开天然所赐的这方水土。九龙口的土质以黏壤土为主，地力肥沃，适宜种植水稻、三麦（大麦、小麦、元麦）和发展水产养殖业；九龙口的水质经芦苇过滤，优质纯净，溶氧充足，适合渔业生产。早在

几十年前，当地沿荡村庄便着力发展三水（水产、水禽、水生作物）产业，先后建立了九龙口万亩水产养殖、万亩水生作物栽培和十万只蛋鸭饲养等特色基地，并获得“国家级无公害养殖示范基地”的称号。当地的螃蟹远近闻名，1999年，县里举办的“九龙口金秋蟹节”活动，就吸引了200多名客商，订单交易额高达2.1亿元（数据来源：《建湖县志》1986—2008）。“九龙口”牌大闸蟹多次被中国农业博览会认定为名牌产品，同时也是国家认定的无公害水产品。九龙口牌鸭蛋与荷藕也备受各地青睐。

海水的退却留出了古射阳湖发展的空间，黄河夺淮又将这千顷湖面改造成塘荡河汊，造就出水中有陆、陆中有水的『九龙戏珠』奇观。

水是这里一切故事之源。海水的退却留出了古射阳湖发展的空间，黄河夺淮又将这千顷湖面改造成塘荡河汊，造就出水中有陆、陆中有水的“九龙戏珠”奇观。这片湖荡湿地与水有着剪不断的情缘，那景致仿佛在诉说几千年来大海大河对自己的洗礼，又饱含了生活在九河汇聚、金滩银荡中的百姓对未来的绚丽期许。

旱与涝的淬炼

虽说“水善利万物而不争”，却改变不了“水往低处流”的事实。有一利就有一弊，水造就了九龙口奇观，哺育了当地的人民，却也成为淬炼九龙口的洪流，不断侵扰和破坏九龙口的生产与生活。旱与涝从九龙口诞生之日起便成为伴随这片土地发育、成长的两柄自然利刃。

● 屋舍院圃坐落在田野间，掩映在绿植前后，小桥流水环绕其间，公路畅通连接起每个村落，宛若一幅秀丽的风景画，得益于世代人与自然的和谐共处之道。 李楤 摄

低洼的地势和蓄水能力的下降是旱涝频发的重要原因。坐落于被誉为“东方湿地之都”的盐城市境内的九龙口，是平畴沃野中的低地，属于地处苏北灌溉总渠以南、通扬运河以北、京杭运河以东、串场河以西的里下河地区。其地势低洼，宛若锅底，历来就与兴化、溱潼并称为里下河地区的“三大洼”，里下河地区由此常被俗称为“锅底洼”。建湖县的海拔大部分在 2 米以下，其中位于县境西部的九龙口属于古沼泽地带，地势尤其低洼，地面高程一般在 1.3 到 1.5 米之间，最低处仅 0.7 米。而沿荡区高程仅为 1 米左右。在如此低海拔的情况下，九龙口周边的地势也没有呈现出如中国广大地区那样西高东低、海拔阶梯降低的状态，无法让河水顺利东流入海。里运河、新通扬运河和串场河沿岸平原周边的海拔均在 3.5 米以上；距今已有 4500 多年历史的古海岸线，因泥沙的沉积和海水的冲击，形成“贝壳堤”天然景观，将地面高程提高到平均 2 米。由此而知，九龙口地区的平均海拔低于周边 0.5 到 1 米不等，是名副其实的锅底。

另外，建湖县年均降水量 1020 毫米，其中年均汛期降水量达到 650 毫米，约占全年总降水量的将近 70%，这使得夏季抗洪压力极大。加之历史时期沟河港汊短、弯、浅、窄；圩堤岸坡矮、瘦、残、破；入海河道小、弯、浅、少，排泄不畅，一旦遭遇大面积暴雨，极难应对。而且，在超强洪涝年份，上游高邮、兴化、宝应等县的洪水压境，下游又有沙堤阻挡和海潮的顶托作用，排水困难，因此形成涨水快、退水慢，高水位持续时间长的不利局面。

九龙口的物产多元丰富，离不开这方水土的滋养。『靠水吃水』，九龙口生态湿地内生物水产资源异常丰富，拥有130多种野生植物，60多种野生鸟类和30多种水产品，是名副其实的『金滩银荡』。

①

②

① 20 世纪 70 至 80 年代，常能见到渔乡市集中，渔船聚集、河鲜摆满码头的热闹景象。 孙书林 摄

② 夏日，“接天莲叶无穷碧”成为芦苇荡一景，人们划船撑篙前往，采收著名的“水八仙”。 郭学颖 摄

旱与涝从九龙口诞生之日起便成为伴随这片土地发育、成长的两柄自然利刃。

在大旱之年，上游水被层层拦截，致使入境来水量小，从而极易出现塘荡、汊港干涸的情况。此外，从黄河夺淮入海以来，洼地还要饱受黄淮决堤漫流之苦。

所以，只有当我们了解了九龙口易受旱涝的原因，才能更深刻地理解当地由此产生的文化风俗与信仰观念。

五谷树的传说便是最好的非物质文化遗产印证，故事所折射出的便是饱经旱涝风霜影响的民众祈盼。五谷树相传是明代永乐年间（1403—1424）郑和下西洋时携带回国，后被当地奉为“神树”的。清人周宝英诗曰：“种自西洋来，佳名五谷树。但看树婆娑，便知丰欠岁。”随着岁月的流转，围绕着这棵树的传说日益丰富。之所以称为“五谷”，原因在于该树所结果实似稻似麦，似稷黍和豆，又似鱼似虾。于是，当地人将之看作吉祥树，若果实为稻谷形状，则预示着当年稻谷丰收；若果实呈现鱼形，则当年可能遭大水。这种说法看似荒诞不经，但仔细想来，却与当地屡遭旱涝的大环境有密切关联。人们希望通过此树得到对大自然变幻不定的晴雨状况的预测，祈求风调雨顺。

而与五谷树相关的另一个传说，预测性质就更为凸显。相传海龙王的女儿私自离开龙宫，并爱上了九龙口的人间生活。海龙王大怒，声称要发起海潮，淹没村庄良田，但龙王之女至死不屈，并最终幻化成开满白花的果树，永远伫立在此，守护当地，预测旱涝。如果当年风调雨顺，果树所结就像稻穗、五谷。凡此种种传说，不一而足，但均反映出当地百姓对于旱涝灾害的忌惮，以及祈求年岁

①
②

① 五谷村中这棵古老的五谷树是一棵母树。村民们常通过观察其所结果实的形状，来判断当年的收成。由此，五谷树逐渐成为当地的神树。至今，依旧有村民或游客前来树下祈祷许愿。 李稔 摄

② 淮剧，又名江淮戏、淮戏，是土生土长的古老地方戏曲剧种。九龙口所在的建湖县是淮剧的发源地，被称为“淮剧之乡”，建湖方言被定为淮剧的舞台标准语言。历史上，淮剧的早、中期艺人多出生于此，不少淮剧名角也常于此学戏。 郭学颖 摄

五谷树的传说便是最好的非物质文化遗产印证，故事所折射出的便是饱经旱涝风霜影响的民众祈盼。

丰收的朴素愿望。

传说之外，当地戏剧的发展也与水旱灾害的频发息息相关。九龙口所在的建湖地区是淮剧发源地，有“淮剧之乡”的美誉。淮剧起源于“门叹词”，明末清初，湖荡区的民众常因水旱灾害而背井离乡，被迫乞讨为生，为求得社会同情，他们手拿竹板，沿街挨户卖唱，这便是门叹词的来源。这些曲调唱时如泣如诉，委婉凄凉，听者不禁感伤，心生恻隐。之后的艺人专门搜集此类民歌乡音，加以艺术改造，就成为淮剧中曲调和唱词的重要来源之一。可以说，这是由自然而产生的生存环境特征，转化为生活实态并由此走入精神世界的经典案例。

地处里下河腹地低洼区的九龙口在历史上每遇淮黄并涨，境内就变成泽国；干旱之年，又易径流枯竭，海水倒灌，民众苦不堪言。黄河夺淮的661年间，里下河地区发生洪灾的年份达210年之多，在造就了九龙口奇特地貌景观的同时，也给当地百姓带来极大困扰。历史上，明清两朝的水旱灾害尤其频繁。如明崇祯四年（1631年）射阳湖水位上涨，夏季大雨连绵，黄、淮水位暴涨，冲决堤坝后，平地水深二丈有余，村庄尽数淹没，民众登舟攀树，百里无烟，哀鸿遍野。清咸丰元年（1851年），黄河水位大涨后决堤，里下河大水致使九龙口上游湖泊水位达到历史最高位，九龙口呈倒悬之势。正如清初榜眼孙一致对壬子年水灾的描述那样，“沉没桑田尽，奇荒计五年。淮扬都是水，湖海不分天。舟宿浮生蹙，巢居野哭悬。”1855年黄河北徙之后，境内洪涝灾害发生频

● 享有“绿色生态”之誉的九龙口，也是名副其实的“天然氧吧”。 王丽莉 摄

率有所下降，但如遇超强降水，因抗洪基础有限，依然沦为泽国。最典型的便是1931年，当时淮、运水并涨，水与坝顶持平。8月，里运河坚守不住，一溃千里，决堤27处，造成下游的九龙口地区一片汪洋，陆地行舟，物产淹没，百姓只能背井离乡，到外谋生。历史上，九龙口的水旱灾害是困扰民生的最大问题。其实，无论是唐宋的李承、范仲淹，还是明清的欧阳东凤、林则徐，不能说在治水上不尽力，但限于当时的社会制度和科学技术水平制约，在那个年代均无法完成对淮河和里下河洼地地区的全面科学治理。

中华人民共和国成立以后，在毛主席“一定要把淮河治理好”的号召下，中共华东局和苏北区党委全力突击抢修圩堤，兴修水利，清除暗坝，以搞好“筑堤、开河、联圩、造闸”为目标，彻底让上千年的河网水利旧貌换新颜，九龙口也从此告别了易涝易旱的历史。2000年以后，政府主持再次疏浚河道，升级闸站，造就出堤美、水清、岸绿的新九龙口。从此“水多就淹，水少就旱，先旱后淹，夹着棍子讨饭”的旧时代一去不复返，而历经沧桑的九龙口自然奇境却历久弥新，焕发出崭新的面貌。

水与陆的交通

水，曾给这里的人们带来灾难与苦痛，但水也随人愿，成就了九龙口代代百姓的梦想、希冀和追求。在运河和大海之间的九龙

● 草色青葱的芦苇荡中，不乏船只摇曳的悠闲场面。 孙华金 摄

口，河水承载了代代人走进来和走出去的愿望。历史上九龙口交通便利，九河通衢，纵横交错，上沿射阳湖可达旧时全国最重要的交通线——京杭大运河，从而南下江南、北上京畿；下沿五港渡口、收成村、李家庄，入亥子河、黄沙港后走向大海。河流中的木帆船成了境内水运的主要交通工具，而九龙口也成为沟通东西南北的中转点。

从九龙口出发，河流纵横交错。向北的城河，又称古城河，传说古代曾考虑在收成村建设城池，以此地为行政中心而挖河护城。

沿着城河向北，迎来了一条横在前方东西向的亥子河，此河相传在明末清初挖掘，向西进入运河，向东与蔷薇河相通，是沟通城镇与运河的重要动脉。城河与亥子河交汇后再向北就到了收成村，这里曾是当地最为著名的渡口和货物集散中心。

如果从九龙口沿着蚬河向东，我们会与当地最富浪漫气息的河流——蔷薇河相遇。蔷薇河，又名祥梅河，明初便被开发。传说在明末清初，因两岸盛开蔷薇花，花香扑鼻，凡舟船、行人问路，皆以蔷薇花香为记相告，久而久之便称蔷薇河，可见此河在明清已为

• 口近黄昏，晚霞洒落湿地。
张万康 摄

大众所常行。蔷薇河之所以有名，与其贯穿镇中心有关。而镇的繁荣也离不开蔷薇河所带来的物资商货。蔷薇河穿过镇中心再向北，又与东西向的亥子河相汇，商贸往来也便有了出入大运河的渠道。越过亥子河后的蔷薇河与横塘河相交。横塘河开凿的目的，是将与蔷薇河相汇的五港口的涝水向东排往西塘河，以缓解当地因地势低洼、河流众多易发洪涝灾害的压力。跨过横塘河后不远，蔷薇河抵达收成村，与从九龙口出发北流的城河相汇。

就这样，收成村及不远处的五港口成为九龙口以河流水运方式向外延伸的集结中心。在这里，棉布、茶叶、大豆、食盐等相聚相散，合称“三记一泰”的几家商号，批发零售，“商通江南、利达苏北”。收成村的地理位置五河相通，加之靠近唐宋海岸线的原因，相传为汉代盐渎故城，为盐渎首建之城，现在城河相传为收成之护城河，可惜年代久远，城墙已不可考。150 多年前，当地人无意间发现镌刻有“晋东海王”字样的黑砖，后来更发掘出 1600 余年前东晋王室“东海王”司马彦璋之墓。当时管控江苏北部、山东南部一带的东海王能选在此处长眠，足见收成村一带在当时的辉煌，只不过现今只能从遗留下来的“收成八景”的名称遥想当年的盛况了。如“五港分流”见证当年水系发达、舳舻千里的盛况；“双桥对峙”带你领略古时“渔樵耕读”的传世四业；“古院钟声”让人怀想起千年古刹的收成晨钟；“渔火星星”描绘出湖荡中的点点渔火，宛似夜空繁星。

伴随着河水的流动，人从外地走来，也从此地走向远方，同时

水是九龙口的血脉，贯通全域，联通八方。水与陆的交通，串联起九龙口的件件往事，青史留芳，见证辉煌。

① 龙珠岛上绿树成荫。孙华金 摄

② 艺术家在芦荡沿岸写生。孙华金 摄

将文化带了出去。元末战乱过后，为充实此处人口，朱元璋曾下令迁江南人口赴江苏北部，扩充淮、扬二府。据《蒋营乡志》记载，从苏州阊门外出发的沙姓人家坐船一路走运河，至里下河，再入九龙口。当他们来到九龙口中心龙珠岛时，恰巧日过正午，吃饭时不慎将一只碗落入水中，却稳稳沉在水底，被一家人看得清清楚楚。沙姓人家认为此处为自己的“饭碗地”，便落脚于此，并命名龙珠岛对岸为“沙家庄”。该庄延续至今，也就有了现在的“沙庄古村”。谁能想到，五百多年后，当时沿着河道而来的沙家后人，会带着淮剧重走这条先人曾经走过的路，将淮剧带回到苏沪，回到数百年前曾经出发的地方。民国初年，此地淮剧艺人常常从湖荡出发，沿着熟悉的运河南下，在苏南、上海等地卖艺，仅在上海就有十多个淮剧戏班常年演出。淮剧在上海戏剧舞台也逐步站稳了脚跟，并享有盛誉。

不仅如此，九龙口河上的木帆船，还曾为抗日战争和解放战争做出过巨大贡献，也促进了建湖县的诞生。当地旧时有民谣，“吃菜要吃白菜心，当兵要当新四军。”当地百姓在九龙河道上，用小木船迎取了革命战争的胜利。在抗战最为艰苦的 1943 年，老百姓的 30 多艘木帆船，在九龙口的芦苇荡中穿梭，完成了新四军某后方医院伤病员和军用物资的转移任务。在即将胜利的 1945 年，更是有 1200 多艘木帆船承担起运送粮草的任务，支援新四军消灭日伪军的战斗。三年后，在“保田地，保家乡，哥哥去当解放军”的口号下，3000 多艘木帆船装运 400 余万公斤大米，沿着通向远方

● 春夏之际的九龙口。 许益民 摄

的纵横河道，送往淮海战役的前线阵地。数月后，木帆船又南下成为解放军渡江战役的先锋舟……

水是九龙口的血脉，贯通全域，联通八方。水与陆的交通，串联起九龙口的件件往事，青史留芳，见证辉煌。

战火中的涅槃

建湖县成立于中华民族抵御外敌的抗日战争时期，艰苦卓绝的14年抗战，不仅锻造出中华民族铁一般的意志，也让建湖县凤凰涅槃，浴火重生。九龙口在此过程中书写下浓墨重彩的一笔，她所经历的磨难和牺牲，不仅与建湖县的成立密切相关，也是整个民族重获新生的缩影。

1941年的春夏时节，对于九龙口而言并不平静。当时的盐城县第二次沦陷，汪伪政权在当地设立维持会，九龙口地区属于伪盐属第十一区。7月20日对于九龙口地区而言是灰暗的一天。当日，日本侵略者对九龙口一带发动大规模“扫荡”。日寇1000余人在飞机、大炮掩护下，乘37艘汽艇从西面射阳湖东入九龙口，因汉奸出卖，驻防在九龙口一带的我军民腹背受敌，局面十分危急。在保卫村民与日寇周旋的过程中，新四军21名战士血洒湖荡，英勇牺牲。之后，敌人又在汽艇上用机枪沿城河扫射，打死了8名无辜的百姓。时值正午，日寇已进犯至五港口一带。为掩护附近的新四

从抗战中的沦陷到英勇的反『扫荡』，从建湖县的成立到收复蒋营失地，再从集结反攻的策源地到红色根据地的扩大，九龙口有过艰难困苦的时光，也在艰苦卓绝中实现了凤凰涅槃般的新生。

军军部和中共中央华中局安全转移，新四军第三师七旅二十一团奉命阻击日寇。敌人从五港口处登陆向收成村进犯，新四军三营九连从北面冲向敌军，在收成八景之一的古罗汉院周围与日寇进行了巷战和肉搏。在两个多小时的激战中，面对人数占优、武器精良的敌寇，九连顽强阻击，屡屡发起反冲锋。一天的战斗结束，我军以52人壮烈牺牲的代价打破了日寇的进攻计划，我方机关得以安全转移。血红色的斜阳照射在洒满烈士鲜血的收成村和五港口，凄婉而悲壮。

一寸山河一寸血，在血与火的战争岁月中建湖县诞生。1941年9月18日是“九一八”事变爆发整整十年的日子，建阳县（建湖县曾用名）抗日民主政府成立大会胜利召开，一个在战火淬炼中走出的崭新县份就此诞生。其中，九龙口地区为第九区，同时也组建了中共区委组织。但此时的九区大部分被伪军占领，蒋营也在日寇的控制之下。面对如此不利的局面，当地在新四军的支持下成立县抗日自卫总队，积极配合新四军第三师的抗日行动，为建湖县的抗日活动做出不可磨灭的贡献。1943年当地抗日武装配合新四军粉碎了日伪军发动的第二次大规模“扫荡”，并在当年秋季成功收复蒋营。在此基础上，以九龙口为中心，我军拉开了在苏中地区战略反攻的大幕，其中尤以车桥战役为代表。

1944年春，新四军第一师（师长粟裕）遵照中共中央关于集中力量打击日伪军、巩固与扩大抗日根据地的指示，以及沟通苏北、淮南、淮北地区战略联系为目的，在3月上旬发起以夺取淮安

攻坚打援

车桥，是淮安城东南二十余里的大镇，位于淮安城、泾河镇、泾口镇、曹甸镇之间，是日伪控制淮安东南宝应地区的重要据点之一。敌伪军在车桥和泾河、曹甸、

—317—

泾口一线构筑了据点，分割了苏中一、二分区。但是敌伪据点，空隙较大。这里又是日寇华中派遣军驻扬州第六十四师团与驻徐州第六十五师团的接合部。两部之间配合较差，便于我军插入其接合部，以打开苏中根据地的局面，控制苏淮边区的战略机动地区。

战役发起前，我将一团、七团、五十二团等集结于泾口、曹甸一线以东的蒋营地区。师指挥所位于收成镇。

经过反复权衡，我们决定先集中兵力打车桥。第一，因为车桥是该地区敌军指挥中心，拿下车桥则泾口、曹甸孤立，便于我军尔后进攻，扩张战果；第二，车桥处于敌中心地区，又有日军驻守，敌人以为比较安全，估计不到我会绕过外围打车桥，便于我军采取掏心战术，突然进攻，出奇制胜；第三，车桥周围地形比泾口利于攻击部队的接近；第四，车桥敌军虽然来援方向较多，但距敌两个师团部驻地徐州和扬州都较远，一时得不到大部队增援。而且敌军主要增援的方向——距车桥十二华里的芦家滩一线，有良好的设伏阵地，便于我军伏击来援之敌。

这是一场硬仗。敌伪军在车桥垒高沟深，设防十分严密。四周筑有大土圩子，外壕里面还有许多土围子，沿大小土围仅碉堡就设有五十三座，还有许多暗堡封锁地面。里面驻有日军八十余名，伪军六百余名。很明显，

—318—

敌人以深沟高垒对付我们，我军必须发扬高度的进攻精神，实行攻坚。我们还要准备打援。敌人控制点线，交通便利，增援容易，如果没有力量消灭援敌，也就无法拔除据点。只要援敌离开据点，就便于我在运动中歼灭他们。因此，我们把参战部队分为三个纵队，确定攻坚、打援同时并举而以打援为主，以一个纵队担任攻坚，两个纵队担任打援。

①《叶飞回忆录》书影。 九龙口镇 供图

② 车桥战役历史影像资料。九龙口镇 供图

车桥为主要目标，以围城打援为战术的车桥战役。战役发起前，新四军将参战的第一师五个团集结于现九龙口一带，师指挥部即位于收成村。叶飞任司令员，刘先胜任副司令员。可以说，苏中地区的抗日反攻是从九龙口开始，并迅速席卷整个苏中、苏北和淮南、淮北大地的。

从抗战中的沦陷到英勇的反“扫荡”，从建湖县的成立到收复蒋营失地，再从集结反攻的策源地到红色根据地的扩大，九龙口有过艰难困苦的时光，也在艰苦卓绝中实现了凤凰涅槃般的新生。

中华人民共和国成立之后的九龙口，多次被评为“江苏省文明乡镇”，也是国家发改委批准的“全国发展改革试点小城镇”、国家住房和城乡建设部等七部委联合发布的“全国重点镇”“江苏省环境优美乡镇”。

未来的九龙口依托历史发展的积累和特色自然资源，着力发展绿色生态农业和健康生态旅游业。农业方面，九龙口充分发挥独特的水土优势，以芦荡净化水和绿色营养土为料，培育出丰富的三水产业，创造出属于九龙口的“九龙九鲜”食材，即以甲鱼、鲫鱼、黑鱼、河蟹、螺蛳等为代表的动物类九鲜，和以莲藕、茭白、水芹、慈姑、菱角等为代表的植物类九鲜，别具特色，独具一格。同样，以九龙口鲜活鱼、虾和螺蛳为食料的麻鸭，能够产出蕴含水陆之道、天地灵气于一身的鸭蛋。浅青色透光的外壳配合富含各种氨基酸、钙、磷、铁等元素的内里，九龙口的鸭蛋可谓“内外兼修”，由此腌制的鸭蛋更是柔嫩咸香，沙糯绵软，在口舌中回味无

穷。当地民谚称“腌蛋以九龙口为绝”，足以与清代文学家袁枚的“腌蛋以高邮为佳”并称。

旅游业方面，以国家湿地公园、国家4A级景区为龙头，深挖湿地生态资源，开发各类旅游产业项目。正在打造人与自然全方位、浸入式的“渔樵耕读”湿地生态旅游体验新格局。数千年之前，“蒹葭苍苍，白露为霜”是古人对湿地景观的赞叹。湿地，是陆生与水生生态系统之间的过渡。九龙口湿地便凭借其浓厚的历史文化积淀和自然奇迹景观，打造以九河汇集的龙珠岛为观景核心，以“渔耕慢道”“樵读陆岛”为主干道串联的自然文化景点，成功再现数千年之前《诗经》中的唯美画卷。九龙口是典型的历经数千载变化而成的陆中有水、水中有陆的珍贵湿地生态景观，在这里，湿地为人类提供丰富的食物、优质的水源，实现从古至今人们对“渔樵”式山水田园生活的向往；在这里，湿地又为我们创造蓄洪防旱、气候适宜的人居环境，满足现代社会对“耕读”式返璞归真生活的期许。

尊重历史，保护自然。只有珍视大自然历经岁月沧桑所给予的馈赠，让湿地植被、野生动物自然生长，才能最终实现人与自然和谐共生，建设美丽宜居的九龙口。

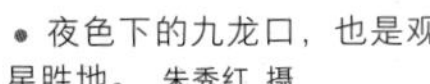

• 夜色下的九龙口，也是观星胜地。 朱秀红 摄

茂密的植被与的辽阔水系，吸引越来越多的野生动物到此栖息。 视觉中国 供图

贰

金滩银荡

从沧海到河网湿地的变迁，再历经填湖造田、围塘养鱼、修建公路等各历史阶段的建设。在生态与发展的命题上，九龙口一直在探索最优解。近年来，随着生态修复和保护工作不断推动，越来越多的珍稀物种在这里被发现，湿地的生命力也得以恢复和提高。随着全域旅游开启新篇章，越来越多的人们能到此体验一段绿色生活的旅程。

生态荡里新时代

文 孔雪 摄 孙华金等

里下河地区，曾是我国最大的湿地和水网圩区，至今仍保留有重要的水乡生态景观。在九龙口国家湿地公园中，有里下河地区典型的芦苇荡水乡风光，其具有强大的水质涵养和净化功能。芦苇荡所营造的优质水环境，吸引大型底栖动物、两栖爬行动物、鸟类、小型兽类、鱼类等动物来此栖息，也为世代九龙口人构筑起理想的家园。

挺拔的芦苇秆上，一只体长十几厘米的震旦鸦雀正在用它亮黄色的喙频频敲击芦苇秆。这种头部滚圆的小鸟身形圆润，叫声唧唧。当它发现芦苇秆中的小虫蛹时，就变身为“芦苇中的啄木鸟”，啄食苍茫芦苇荡中这小小的美味。这一温柔生动的细节开启了九龙口之旅，当我们把视线不断向着高空拉远，再向下俯瞰，呈现在你我眼前的是一望无际、苍茫广阔的芦苇荡。

此刻是阳春时节，芦芽刚刚出水，万顷苇滩尚不算丰茂，万物皆有一种蓄势待发的含蓄青绿，空气中弥漫着春日芦苇荡中的青草香。再过一两个月，待夏日炎炎，这片素有“金滩银荡”“里下河明珠”美称的九龙口湿地，即将迎来芦苇生长的旺季。彼时连绵高耸的芦浪，随风荡漾如碧海。在九龙口，这一片广袤的芦苇沼泽景象，早在千年之前便有了。

没人说得清楚，震旦鸦雀这种已在地球上生存了亿万年的小鸟，究竟何时来到了九龙口这块原为古海湾一部分的潟湖型湿地。九龙口如被古海洋遗忘在人世间的“海的女儿”，千百年来滋养着九龙口人，也滋养着震旦鸦雀、东方白鹳等自然精灵。

跟随这只被誉为“鸟类活化石”的小小震旦鸦雀，让我们一同走入九龙口的芦苇荡，一观这方水土的生态图景。

这片素有『金滩银荡』『里下河明珠』美称的九龙口湿地，即将迎来芦苇生长的旺季。

大片的芦苇荡不仅可以净化水质，繁衍其中的鱼、虾、昆虫等更是鸟类喜爱的美食。

金滩银荡，从海洋中走来

远古时代，这里曾经是一片蔚蓝的海洋。

在变成为湿地沼泽之前，九龙口湿地曾经历了“古海湾—潟湖—淡水湖”三个发展阶段。而今，它位于盐城市西部，其所属的里下河地区湿地，曾是中国最大的湿地和水网圩区，以芦苇荡景观为典型特征。

九龙口周边的湿地面积约有3.8万亩。作为里下河区域的最低点之一，它拥有罕见且奇特的地理景观——“九龙戏珠”。蚬河、林上河、钱沟河、安丰河、新舍河、溪河、莫河、涧河、城河九条自然河道，七条汇入两条流出，围绕着龙珠岛汇聚一堂。

站在龙珠岛的制高点望远，碧波浩淼，天水苍茫。白日，即便天晴，这里也有一种水烟弥漫的古意，有着春风澹荡看不足的余味。傍晚，落霞、飞鸟与云影，皆映在如幻影迷宫般的九曲河面之上。这番自然造化，让距离盐城市区不到60公里的九龙口，为世人打开了一处远古时期沧海桑田般的造化与现代城市生活之间的结界。

人们在临近龙珠岛的沙庄古村一角修建龙王庙供奉香火，原庙历经劫难、毁于战火，如今，几经复建的龙王庙仍香火旺盛，庙旁高大的皂角树被村民系满红色丝带。龙珠岛又名浮沉岛，1931年、1991年的大水漫灌，均未淹没小岛，九龙口人相信这座四面环水且地势并不高之处始终被九条神龙护佑。

九龙口至今仍延续着浓厚的龙信仰，舞龙民俗延续至今。春节人们会在屋檐两旁挂上龙钱串；二月二龙抬头；三月三放龙筝；端午节赛龙船；为龙做水陆道场……从年头数到年尾，龙在九龙口人的生活中串起了多彩的民俗活动。

从现代生态学的角度来看，这片湿地确实是九龙口镇的重要环境资本。它不仅能调节气候、涵养水源、均化洪水、促淤造陆、降解污染物，还能保护生物多样性，为荡区九龙口人提供生产、生活资源。它还是里下河地区重要的汇水、过水和行洪通道，是区域水生态重要的“安全阀”。

或因有神龙护佑，或因成于沧海桑田，九龙口的湖荡风光不同于江南他处，它更能给人一种“风烟泱漭、助人旷怀”的感受。它向着远方，向着大海，向着古老的传说，召唤着每个人的想象力。正应了白居易那句“苦竹林边芦苇丛，停舟一望思无穷”。

九龙口湿地不仅能调节气候、涵养水源、均化洪水、促淤造陆、降解污染物，还能保护生物多样性，为荡区九龙口人提供生产、生活资源。

芦苇荡之子

从无边无际的荡里，向着有人的村庄前行，我们听到一些有关海、荡与九龙口人的古老传说。

这些传说折射出芦苇荡与人之间的浪漫关联。正是苍苍芦荡化解了大海的凛冽，让水以更温和的方式滋养九龙口人的生息。在九龙口湿地，芦苇是占绝对优势的水生植物，其叶、叶鞘、茎、根状

● 反嘴鹬，长着一张细长且上翘的黑嘴，羽毛黑白相间。喜爱栖息于临水地带，迁徙期间能在九龙口看见它的身影，水稻田和鱼塘、芦苇荡能为它提供充足的食物。视觉中国 插画

茎和不定根皆有净化水质的作用，芦苇荡也为万千鸟类提供了栖息、觅食、繁殖的生境。

千年以来，芦苇荡滋养了荡边寻常人家。九龙口人呼吸的每一口气息，是来自荡里的风。他们吃芦苇荡里的螺蛳、虾、莲藕、慈姑，在荡里养鸡、养鸭、捕鱼，用芦苇叶包粽子，用荡里的柴、蒲、秸草编织芦帘、芦席等。撑起船桨，他们就能在复杂的水网中熟稔游转，在九龙口与扬州的宝应等地往返。从前荡边上的渔民身故后，家人会将其埋在芦苇丛中，魂归荡里。即便讲究入土为安，在荡边一带，逝者出殡时的哭丧棒，棒芯也用24根芦苇做成。20世纪初期，荡区的芦苇编织产品在里下河地区占有一定市场。靠水吃水的荡里人，也因此沉淀出朴素的生活智慧，塑造了九龙口人粗而不糙的生活质地。

据《建湖县志》记载，明初地方官府就划分公樵地，禁止私人垦殖。然而近代以来，对芦苇荡的开垦速度不断加快。20世纪70年代，在“大办农业”号召下，人们喊出“向滩荡进军”的大规模开垦口号；改革开放后，因鱼塘、蟹塘、荷塘养殖与渔船大排档的利益驱使，人们对湿地和芦苇荡过度围垦，最终造成了湖荡淤浅、水质恶化，生态系统退化失衡。湿地动植物种群减少，荡区行洪、泄洪能力也越来越差。

“水带腥味。”九龙口景区负责人刘军回忆道。2012年，他从建湖县来到九龙口这片儿时常来的湿地，负责九龙口国家湿地公园（以下简称“湿地公园”）退渔还荡、退耕还湿工作中的几项关

①

②

① 芦苇荡在一年四季中轮番上演不同的风光。秋季，大片的苇花摇曳，时而惊起一群野鸭，一阵风吹过，一望无垠的苇海起伏荡漾。 视觉中国 供图

② 当地人会根据芦苇荡中芦苇的繁密情况，及时收割芦苇苗。 李稔 摄

● 纵横交错的河流将芦苇荡与田地分割成一块块形状各异的几何图形，诸多生灵依其而生，受其哺育。杨天民 摄

键任务：取缔影响水质的大排档船舱、规范荡区的人工养殖、对湿地核心区规划拆迁的 3 个村庄近 700 多户村民进行整体搬迁。2012 年，一户渔船大排档就可带来近 200 万元的年收入，取缔工作不易，而搬迁农户的整体房屋征收、异地安置，更是不容易解决的难题，湿地工作队伍为获得群众理解克服了诸多困难。通过做通商户的思想工作，最终关停了 8 户渔船大排档。

几项任务完成后，从 2015 年开始，“每年修复 4000 亩湿地”这一自加压力的任务，成为湿地守护者的工作新重点。湿地修复包括地形重塑与植被重建工程，它需打破现有鱼塘格局，采用水系贯通、营造浅滩和岛屿等措施，通过水系统修复、植被修复、生境修复，最终达到湿地生态系统的修复。保护区还需定期对枯败水生植物进行收割、定期清淤，并对水花生、加拿大一枝黄花等入侵物种进行清理。

乘船在芦苇荡中游走看当下的保护区，我们看到几位被晒得皮肤黝黑的九龙口荡里的村民正忙于春季芦苇的栽植工作。拆迁区的很多村民现在从事着芦苇养护工作，栽种芦苇后的湿地还需进行地形整理、重塑等。与此同时，一批专业队伍开始了退耕还荡的谈判工作，退耕地将成为来年芦苇种植的新区域。至 2018 年，这套并行的工作制度已在九龙口形成。

九龙口地处三市交界，湿地区域因民用河道和泄洪功能，不能完全封闭，监管难度很大。刘军介绍说，不同于国内其他封闭式湿地如杭州西溪国家湿地公园等，九龙口需要自己摸索很多监控管理

湿地修复包括地形重塑与植被重建工程，它需打破现有鱼塘格局，采用水系贯通、营造浅滩和岛屿等措施，通过水系统修复、植被修复、生境修复，最终达到湿地生态系统的修复。

方法，如建立网格化管理的执法大队、发动群众监督，联合打击电力捕鱼、非法捕鸟、违法围圩养殖等行为。

2019 年，经由国家林业和草原局验收，九龙口成为盐城市首家获批的国家湿地公园，九龙口人对大自然的反哺与弥补得到了肯定。拜访九龙口景区管理处的尾声，我提及一款在城市中流行以“潟湖花园”为名的香水，好奇地问询他古潟湖是什么样的味道。“芦苇荡深处，风起来，水草的那种清香吧。”刘军回应。这些年，九龙口人一直在退让、修复这块古潟湖造化形成的湿地，“我小时候对九龙口的美好记忆，慢慢在回来”。

发现震旦鸦雀

当九龙口人学会敬畏，退让湿地，以动植物为主角的“生态大剧”，便开始在这里戏剧化地上演。

一轮秋夜月，几点晓天星，进入秋冬季节，芦苇荡与湿地复现出白居易在《琵琶行》中写出的萧瑟氛围，“枫叶荻花秋瑟瑟”。与春夏季节的生机、繁茂不同，秋冬季节的九龙口独具水冷草枯的朴素、空灵悠远的禅意。于人类而言，这番情境需要用清净的心境去品味；而于万千生灵，尤其是秋冬季节开始迁徙的候鸟而言，作为全球 8 条鸟类迁徙通道之一“东亚—澳大利西亚迁飞路线”的过站，九龙口是里下河地区越冬鸟类最主要的栖居区，冬季甚是热闹。

"进入芦荡的保护区，就像王维诗中'空山不见人'那般，你会觉得整个世界突然静下来。但又在突然之间，千万只鸟或一群野鸭一下子出现，打破寂静。"崔军回忆道。从2016年起，盐城师范学院崔军教授及其团队对九龙口的动植物生态情况进行了长期调研。结果显示：九龙口的水环境质量得到显著改善，核心区域水质基本达到Ⅱ类。国家Ⅱ级重点保护野生植物野菱、莲等水生植物分布广泛，它们与占据绝对优势的芦苇共同为大型底栖动物、两栖爬行动物、鸟类、小型兽类、鱼类等动物营造了理想的栖息环境。在这里，只要你足够细心，就不难发现黄嘴白鹭、鸳鸯、苍鹰、小田鼠、东方田鼠、大蝙蝠、华南兔、中华鳖、赤链蛇、多疣壁虎等动物的踪迹。

震旦鸦雀，国家一级保护动物，是具有"鸟类熊猫"之称的中国特有鸟类。2018年2月，崔军及其团队在九龙口国家湿地公园首次记录到它们结群出现。这种被誉为历史活化石的鸟类已被列入国际鸟类红皮书，为全球性濒危鸟类，数量极为稀少。它们只在原生态芦苇荡中生活，只吃芦苇表面或秆里的虫子，并用芦苇叶编织鸟巢。

震旦鸦雀，国家一级保护动物，是具有『鸟类熊猫』之称的中国特有鸟类。

我们很难界定它是九龙口芦苇荡的客人还是主人。"柴雀"是九龙口荡里人对于震旦鸦雀的俗称，他们自小就常在芦苇荡见到这种小巧的鸟类，却一直不知道九龙口竟默默照护着如此珍贵的精灵。崔军解释，震旦鸦雀脆弱娇小，若不是成群结队地出现，很难被观测到。九龙口的湿地保护增设了针对鸟类的保护设施，

依赖芦苇荡而生的震旦鸦雀。

这里已成为它们繁衍栖息的天然乐园。

东方白鹳是九龙口生态剧场的另一个重要角色。如果说震旦鸦雀的故事是神秘邻居撩开面纱，那它们的故事则像落难公主被搭救。

2021年4月，湿地公园管理办公室接到村民的消息，一处高压铁塔下有5只看似受伤的“天鹅”，它们被送到湿地公园进行救治。经湿地保护科鉴别，这是5只国家一级保护动物——东方白鹳。这种全球数量仅9000余只（2020年数据）的国家一级保护动物被发现时，仅1只能行走，其余4只奄奄一息，生命体征很弱。经湿地保护科的工作人员精心护理，这几只无外伤的东方白鹳恢复了体能，被放归自然。之后，身为旅鸟的东方白鹳朝着目的地继续迁飞。据说被救助的东方白鹳在放归后，围绕九龙口湿地盘旋了三四圈才飞走。

九龙口湿地的退耕还荡、还湿工作，带动着九龙口人和周边村镇居民生态保护意识的提升。一旦发现有受伤的鸟类，村民会在第一时间联系建湖县林业部门或九龙口湿地公园。这与2020年颇具教育与震慑意义的“湿地法庭”不无关系。当时，九龙口湿地公园作为以剧毒农药调制毒饵引捕鸟类案件的特殊庭审地，通过以案释法，湿地法庭的普法与教育意义在周边群众与游客中长久发酵着。

“今年，有鸟类专家拍到东方白鹳在这里组建了家庭，孵化了4只小鸟，我们到现场勘察，发现其中一只就是我们之前救治的一只。”刘军回忆这个画面时感慨，这种珍稀鸟类本是不太亲人的，“但或许它们懂得九龙口的乡亲对它好吧。”经系统性保护与修

复，九龙口湿地成为生物多样性集中、生产力较高的地带，构成了巨大的物种基因库，也成为国内进行生态安全、生物多样性保护等研究的一处理想场所。

如今，位于九龙口国家湿地公园修复区内的杉林大泽景观湿地项目，在已疏浚的3号水上游线河堤两侧及收储塘口圩堤栽植落羽杉、中山杉等苗木，并点缀垂柳。全面开展九龙口湖荡湿地生态系统保护工作，大力开展退渔还湿、退圩还湖等工程，有效改善了湿地生态环境，为生物提供了良好的生存环境。

● 这里是东方白鹳的越冬之地。
视觉中国 供图

可居、可游、可享、可闲——荡里新生的礼物

从芦苇荡走向荡边村庄，当夕阳照水，我们在村口老渡口收获了一份意外的礼物：村民从荡边鸡窝新摸出的两个热乎乎的鸡蛋。

这片芦苇荡至今仍以温存朴素的姿态滋养着荡边村庄。湿地核心保护区的修复与搬迁，并未割裂生于斯长于斯的荡里人与这片水土的紧密关联。在远离核心保护区的边缘地带，留守乡村的中老年村民仍延续着摇船捕鱼、傍晚收鸭、荡边养鸡的水乡传统生活。

九龙口镇的市集上，那些形状奇特的捕鳝鱼的篓子，叽叽喳喳可爱的鸭鹅小崽们，仍等待着行家买主。另一部分从核心保护区迁出的村民，则被安置到镇上的现代化小区“蔷薇花苑”，享受着土地流转、旧房拆迁带来的益处。他们在九龙口湿地公园与小区物业安保等岗位上赚取新的收入，参与湿地保护的共建工作。傍晚，天上星光点点，楼层灯光点点，镇上河道的鸭群开始回家，人们也在晚饭后开始了悠闲的饭后踱步或广场舞。九龙口对湿地的一系列保护工作，确实给人们的生活带来了转折，也带来新的生机与快乐。

当古老的芦苇荡和湿地与九龙口人拉开了彼此适应的恰当距离时，九龙口湿地公园正在以独特的生态与动植物资源吸引更多人从四方而来。

● 须浮鸥常成群结队出现在水面上空，时而扎入浅水觅食。

与我们一同游览湿地公园的客人充满青春活力，这批来自盐城中小学的青少年不仅登船游览了湿地外围的芦苇荡，在科普馆了解湿地生态、候鸟迁徙等知识，还在一片青绿大草坪上完成了颇有意义的入团仪式。傍晚，鸟类摄影的专业人士与爱好者前来观草鹭低飞、白鹭捕鱼、水雉择巢、须浮鸥觅食。而清晨的公园属于运动爱好者，访龙长堤上伴着荡里的风慢跑，河畅、水清、岸绿、景美，跑者最能体会湿地公园的惬意与美好。

如今的九龙口国家湿地公园，包括湿地保育区、恢复重建区、宣教展示区、合理利用区以及管理服务区5大功能分区。核心保护区与生态恢复区的湿地修复工作如火如荼，合理利用区与宣教展示区则设置了多个科普宣教设施，如三处亲水观鸟点、湿地宣教馆等。为增加游客的互动体验，景区朝向外围，与正在建设中的淮剧小镇、玲珑三岛、芦荡客栈、温泉度假中心等其他文旅板块联动。在这里，游客能直接走进芦苇荡，零距离体验湿地郊游的自然乐趣，也能在清晨欣赏朝阳、暮时寻找晚霞，更能随时畅快呼吸、悠然漫步、聆听鸟语虫鸣、慵懒在矿物质温泉中……这里的每一处土地和空气都将缔造出现代人的另一种“奢侈”的休闲生活方式，它们来源于里下河水韵之乡的馈赠。除此外，滑翔机等特色旅游项目、“生态湿地旅游节”“亲子奇妙周”等节庆活动都在逐步探索中。

作为近年来国内湿地保护与湿地公园建设的典型代表，九龙口诸如震旦鸦雀、东方白鹳的生态故事多次被央视《焦点访谈》《新

● 在九龙口景区内，除了旅游路线，还规划建设有专业的赛事用地，每年不乏自行车、马拉松等各种赛事活动在此举办。 郑亚平 摄

闻联播》等栏目报道。当这片被湿地滋养的里下河水韵之乡，在现代社会开始反哺湿地，寻求城镇与湿地的共同成长，它收获着来自国家林业局等部门与主流媒体的肯定。

而更重要的是，九龙口人与生态学者、湿地守护者们已在当代形成共识：生态保护的本质，就是天人合一。

闭上眼睛，想象近几日我们在九龙口所见诸多景象：天光云影、水乡渔船、形色飞鸟，皆在湿地纯澈水镜映出影影绰绰的温柔倒影。与海不同，九龙口的水面温厚细腻，既有旷远清渺的芦荡气度，也有人与大自然在千百年来磨合相处滋生出的人文情愫。

紧接着，响在耳边的，是回声：荡里河道船桨拨水的清冽流水声，村子渡口鸭群浮水的欢快戏水声，芦苇荡与湿地公园内外萦绕的活泼鸟叫声……最后，鼻腔则会回忆起“潟湖花园”香水的美妙味道。但这气息不是人工的，而是在九龙口，当古代的海演变成亲人的水，当人们因敬畏生态学会温柔退让时，芦苇荡深处焕发出的朴素清香。

在九龙口，我们意识到，人，是有限的。这里的水色、风声、空气之中，皆有故事，万千生灵与古老水境交相辉映。当九龙口的当代水乡人，以现代的发展理念、生活方式与这片古老湿地、芦苇荡相处时，被海遗落在九龙口的海女似乎也被唤醒了新的活力。属于她的那片静谧与纯粹的芦苇荡，与安栖于此的动植物精灵，正一同被水乡人用心呵护。而海女那活泼亲人、向往热闹的入世一面，亦以开放的姿态向着更广阔的世界挥手。

在这里，游客能直接走进芦苇荡，零距离体验湿地郊游的自然乐趣，也能在清晨欣赏朝阳、暮时寻找晚霞，更能随时畅快呼吸、悠然漫步、聆听鸟语虫鸣、慵懒在矿物质温泉中……

● 黄苇鳽，喜爱栖息在平原地区或低山丘陵地带，且具有芦苇、蒲草等挺水植物的开阔水域中。

2

收成古村：一半有花香，一半是念想

文 南旺

最早来到九龙口的时候，我透过车窗向外看，被沿途新农村的面貌深深震撼。对于生活在城市里的人们来说，大片的青翠麦苗，掩映着田间小径，风一吹，恍然间能看见成块的田野，四周再被开得正繁茂的亮黄色油菜花镶上一圈浪漫花边，宛若一幅风光油画。蜜蜂们跳着“芭蕾”在徐徐清风的伴奏下，忽而起伏，忽而停落消失花蕊中，为眼前这幅油画增添了生趣和活泼。

2020 年，首批 107 个江苏省传统村落名单正式出炉，九龙口的收成村名列其中。

在汉代盐渎立县时的收成村，本是一处城堡遗址，至今已有两千一百余年。有着千年历史的收成村，早在 2016 年时被列入江苏省首批传统村落保护名单。如今，九龙口的 S2 旅游线路马上开通，游客能搭乘这趟观光巴士浏览一年四季的田园风光，除此外，老街、孝子坊、扣马桩、凤凰池沼、东海王墓、古唐槐、老供销社、车桥战役战前指挥所、收成阻击战纪念地等诸多文化景点、纪念旧址也错落其中。

收成村也是“江苏省特色田园乡村”，在 2019 年时就已完成了 631 户人家的拆迁工作，率先引领周边农村进行改革。早年破旧的平房一换新颜，家家户户乔迁新居，独门独院的住房配上了齐全的设备，村民的生活更加便利。村里老人即便住上楼房，也依旧能在院落中种植自己爱吃的蔬菜和花果。房前屋后的田野里种植着小麦和稻谷，四周的油菜花到了五月就迎来丰收季，村民们将菜籽送到村里油坊榨成油，就是自给自足的经济作物。之后，就到了种植豆类的时候。我们在收成村度过了许多天的闲暇时光，看到了老人们每日诗意的田园生活，对于我们这一行远道而来的外地人来说，像是来到了童话里的伊甸园，也像是走进了课文中与世隔绝的桃花源地。收成之名能流传至今，承载了老百姓对丰收的期盼和对丰衣足食美好生活的向往。

王泽：出走十五载，离不开故乡的河荡

“我们这个地方，有句祖传的俗语，叫‘芦苇荡的银子有腰深’。”说完这句话，王泽又重复了一遍，然后深吐了一口烟，看向远方，眼神突然显得特别明亮。

收成村位于九龙口镇的北边，与九龙口诸多河流汇集的水网稠密地段稍显距离。即便如此，这里在许久以前，就拥有大片的芦苇荡，当地人祖祖辈辈便依赖芦苇荡和农田为生。

回忆起早时河产富足的年代，王泽脸上稍显几分陶醉，还露出微浅而轻松的笑容，像是在重温儿时与小伙伴们放学后一同钻进芦苇荡嬉戏玩耍的欢乐时光。孩童时代，鱼满仓是凡常景象，平均一天下来，一人能有七八十斤的收获，每到此时，家中的顶梁柱总能大吁一口气，将一天捕获的鱼兜售给早已等候多时的收鱼人。

收鱼人，也被当地村民称为渔船帮、鱼贩子，他们多来自建湖县城或其他乡镇地区。每到日落时分，卖鱼人家的船只收网返航，陆续靠岸后，村外的鱼贩子们就骑着自行车、开着汽车逐渐从公路上驶来，停靠在收成村的码头边上。

买卖鱼时无须称重，双方约莫着斤数，大概估个价，从前的鱼价让人羡慕的便宜，大多数鱼几毛一斤，草鱼也就一块多。村民与鱼贩子们往往要经过一番价格上的拉锯博弈，不乏谈崩的情况，村民干脆等待下家，根本不怕没了市场；若是双方达成了一致，村民

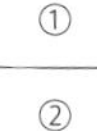

① 芦苇荡里的河道往往也是水上交通要道，旧时捕鱼人家能手摇木船到离家很远的地方捕鱼。 郑亚平 摄

② 金秋之际，是收获九龙口大闸蟹的时节，有经验的渔民会依循生态发展的规律，取大舍小。 郑亚平 摄

便爽快地将鱼换得收入，一家人的生活就有了着落。

20 世纪 60 到 80 年代左右，物资尚且匮乏，村民吃不上饭的时候，便要依赖渔业讨生活。近年来，九龙口当地的村民们为响应政策，纷纷上岸，从村子中屋前屋后不少隐藏处的一摞摞许久未用的闲置渔网便能看出，捕鱼曾经是村民们日常生活的一部分。更令我咂舌的是，曾经的渔网编织作坊，如今竟编织起足球网兜，技法依旧，不同的是制作材料与当地人发展的眼光。

说起曾经捕鱼时的讲究，王泽一下子就来了劲头。村民们捕鱼用的最多便是渔网，这是祖辈流传下来的传统捕鱼方式。早上五六点天微微亮时，村民们便到芦苇荡撒网，待到傍晚五六点日落时分，再回到芦苇荡收获自然的恩赐。

二十年前，村里公路尚未贯通，船是村里每家必备的交通工具，少则一条，多则三五条。庄子里有专门制船的家庭作坊，院里总摆着做好的船只，供人挑选购买。几位老木工做船时，要从一根大木头开始锯起，两个人共做一条船，要耗费三四天的时间，将船身各部位拼合起来时，则利用了传统木工里的榫卯结构，与今日的铝合金船大有不同。手工制成的船多有三四公分厚，小船壁薄容积少，厚船则能装下不少东西，能将化肥运到荡里给芦苇施肥。一条船售价八九百块，几个人抬到河里，买船人直接划着就回家了。如果想要一条特殊用途的船只，只用告诉木工尺寸定做便可。

王泽回忆自己最初学习撑船时表示，水边的孩子，但凡会跑，首先就被父母带着学游泳。而划船，便是“瞎划划”就会了。但是细想下来，他还是觉得初学时候有些难度。最初，船不听使唤，左右船桨配合不当，就会原地打转。即便如此，他也只是耗上两三个小时，努力控制左右船桨，待理解了“划动左桨就能往右走”的道理后，这门技能随着时光便日益精湛起来。

收成村特殊的地理位置，让它兼具农耕与渔猎文明，那些人文历史连接着过去和现在，充盈着江淮文化与风雅。

撑船撒网，往往需要两人配合——一只小木船上，一人站船头，负责撒网，一人坐船尾，负责控制船只走向。待渔网撒下河后，船上人会拿个盆子敲起船沿，发出震动和声响，波及河水，赶着鱼游进渔网。收网时，两人依旧配合，一人收网，一人撑船。遇见网中有大鱼，要单独捞上来，防止鱼挣破网。

“什么时候张什么网”，这是王泽最凝练的捕鱼经验。用渔网捕鱼，有捕大留小的作用，随着季节更替，捕鱼人要不断更换渔网。王泽不时用手指头比画着渔网网眼的大小。春天，河里长小鱼，两三指的渔网就派上用场，昂刺鱼、虎头鲨等肉质鲜嫩；稍晚，三四指宽网眼的渔网就备上了，鲫鱼到了时令；夏天时，要用五六指宽网眼的渔网，草鱼、花白鲢鱼正是时候；到了冬季，鱼的数量不多，也爱沉底不动，人们便不常捕鱼，实在忍不住了，就换套装备，利用此时鱼类反应慢的规律，用鱼夹夹鱼。在这个过程中，比网眼小的鱼虾自然会漏出溜走，即便渔网不经意带出小鱼小虾，渔民也会留意放生。这是祖祖辈辈会自然遵守的规则，故而，每家每户拥有的渔网能达到上百条。

谈起当地人打鱼传统与自然之间的均衡关系，王泽极为痛斥电鱼的手段，这与毒鱼、炸鱼属性一样，不仅非法且嚣张，一大片河

荡的生灵因此丧生，小鱼小虾全无幸免。好在如今国家已经禁止，也一同取缔了用鱼类天敌——鸬鹚捕鱼的方式，它们或许难以明白，没有选择性地通吃鱼虾，才与这份职业结下了“梁子”。王泽笑了笑，称道：“这边的鸬鹚如今与人类倒是更新了合作模式，在景区的芦荡里表演捕鱼供人观赏去了。”

对于王泽来说，用渔叉叉鱼是另一门乐事，也最能考验人的反应。夏天水大的时候，鱼逆流而上，速度慢，用渔叉容易瞄准；或者在下雨的时候，鱼冒出水面喝水透气，容易看到河里鱼的影子。八九岁时，王泽和小伙伴们相约放学到河岸抓鱼，拿上大人的渔叉后，便在河岸上开始转悠，瞄准鱼后，将渔叉一把投出，倘若成功命中，小伙伴们则一拥而上，跳下水将鱼抓上岸。而王泽谈起自己的叉鱼水平，则略有些骄傲，毕竟这项本领在他手中，能达到很高的命中率。俘获的草鱼大的能达到十斤左右，抱回家用刀剁成段，几家人的下饭菜就有了。如果幸运抓到二十斤左右的大鱼，便能将鱼分段再估价卖出去。

傍晚时分，鱼会到河边水草、芦苇等植物茂盛的地方寻觅食物，此时，掐准时机的众人齐心协力，用圆形的鱼罩扣在浅滩上，草鱼、鲤鱼、黑鱼、昂刺鱼……品种丰富的鱼，能被一米多到两米的鱼罩齐齐扣下，有时还要再加固一层鱼罩，防止鱼从伸手抓鱼时的空当逃出。

“荡里银子齐腰深，”王泽又向我强调了一遍这句俗语。芦苇荡成就了这大片河流中的水质和环境，这里生长的鱼鲜嫩可口。

● 在传统的鸬鹚捕鱼技艺中，渔民常将一根细绳紧系在鸬鹚的脖子上，防止鸬鹚捕鱼后私吞鱼虾，这项工作需要人与鸬鹚之间相互配合。如今已被禁止，淡出了当地人的视野。 宋从勇 摄

“从前有村民在离家七八里之外撒网，晚上便住在船上，捞起一瓢河水煮河鱼，实在是忘不了的鲜！”鱼类对水质十分挑剔，有些品种稍有污染就存活不了，比如虎头鲨，从前河荡里数不胜数，前十几年河荡受到周围环境的工业污染，常见的虎头鲨就消失了，直到近年九龙口整体恢复生态，才又见着。除了鱼类，河荡中的小龙虾、大闸蟹也是轮番成熟，夏天划船的时候，人们还能顺手采上些许菱角、鸡头米、野莲藕……

当然，芦苇荡也养人。以前每到秋天，家家户户就划着船到自家的芦苇荡上割芦苇，再将芦苇运输回家，等到农闲就做起了副业——编柴帘子、建房子、编蒲包……都少不了芦苇的参与。芦苇好照料，不需要特殊维护，就像是韭菜——“割了一茬隔年又长出一茬”。建房子时，屋顶上先盖芦苇编成的草帘子，继而糊泥、盖瓦，不仅遮阴，还能使房子冬暖夏凉。村民们编好的芦苇帘子，会通过供销社的大批量收购卖到苏南。编好的蒲包，不仅可以用来装鱼虾，还能装上沙土，压放在低洼地的堤坡上，用来充当防洪涝的土袋。

今年，王泽已59岁，2004年时，他也曾外出前往苏南经营生意，在外度过15个春秋后，依旧难以适应城市里快节奏的忙碌生活，同时又深感孤单，随着年纪的增长，对家乡生活的思念愈加强烈。2019年时，王泽毅然决定回到九龙口，如今，妻儿还在外地工作，他已住回收成村老街上自家的老房子里，清新的空气一扫心头尘埃，吃着自家院子里种下的蔬菜，出门就能见到老熟人，随便都能聊上好半天……

如今，王泽平日工作主要负责收成社区的管理，闲暇时分就在附近找个好地儿钓钓鱼，对于他来说，这早已不属生计的来源，而是一种别样的生活享受了。

看着听得一脸艳羡的我，王泽专门提点了一句：“九龙口现在有个旅游度假区，留出了地儿专给人们钓鱼休闲。”

青砖灰瓦、砖雕砌立。民风淳朴、居者怡得。幸福在这里，是悠闲地品着搪瓷杯中的藕茶，是朝朝暮暮的炊烟袅袅。

张正龙：“留守”生活小确幸

三月中下旬，清晨六七点的九龙口还是有些清冽寒意，我们三人一行，在司机师傅的带领下赶往镇上难得的逢五市集。车子还没驶进市集地段就远远地被迫停靠在路边，小道两旁已经接连摆满了摊子，人们摩肩接踵般陆陆续续缓慢地朝市集方向行进。早就有所耳闻，九龙口早市是人最多的地方。摊贩们甚至从凌晨就赶来，为了能占据一个上好的位置。

早市上售卖的东西，在我们外地人看来，全然体现了九龙口当地“渔樵耕读”的传统生活方式。根系裹着泥土的幼苗、装在大盆里售卖的新鲜草莓、装满担子的藕、L形黄鳝笼子、鱼鲜虾蟹、蚌类，还有各式各样编织的生活器具……走到早市中心，不远处传来一阵又一阵此起彼伏的尖细的鸭子叫声，只见一些老年人紧密地挨着，围上了两三圈。我们好奇地将脑袋钻进人墙，摄影师惊喜地叫

每到黄昏时分，牧鸭人摇橹撑船前往芦荡内，将自家的鸭群赶回岸上的鸭棚。 倪凤霞 摄

了声“鸭子”，便迅速从包里拿出相机。旁边的老板此时笑嘻嘻地告诉他：“这是鹅！”“哈哈哈哈！”我们三人爆发出了鹅一样止不住的笑声。

是鸭还是鹅？我带着这个问题来到了收成村。见到张正龙的时候，他正在老街的鸭蛋店中坐在小板凳上做咸鸭蛋。鸭蛋是张正龙自家养殖的鸭子所产，为我们带路的张主任告诉我们，现在村里像张正龙这样的养殖户，就只剩他这一家了。“早年的有几家养殖户，后来因为种种原因都退出了，太辛苦了！”但是当地的许多老

① 走在九龙口收成村的老街上，能见到沿街售卖的红心鸭蛋。拿起鸭蛋放在灯光下，隐约能看见蛋白色外壳下细密的毛细血管，这“白里透红”大概就是新鲜品质的体现。 刘成贺 摄

② 收成村河网密布，沟荡相连，水乡的农民划船行驶在河荡中，卖卖藕、卖卖虾，日子过得愈发有滋有味。 九龙口镇 供图

百姓都会在自家院里养上八九只鸭子，供己所需。

我们向张正龙说起早市上老人们买鸭苗的情景，才知道全身鹅黄色的是鹅苗，灰乎乎的才是鸭苗，老人们在挑苗的时候会先看看尾巴和鸭掌，主要为了辨别公母和健康程度。说起这个行当，张正龙告诉我，他从初中毕业至今，从事养殖已有三十多年，但实际能上溯到父辈。从前经历过集体养殖挣工分，分田到户后就开始单干，活儿干久了慢慢就会了。如今每年共养殖不到千只鸭子，半岁左右的鸭子就能开始产蛋，产下的鸭蛋做成咸蛋和皮蛋，鸭子长到

鸭蛋
制作坊
收
成
浴
室

一年后就可以出栏了。每到春季入暖时，张正龙就将自家的鸭蛋送去炕房孵化鸭苗，并不需要到市集上零散采购。

走在九龙口收成村的小路上，常常能看见小桥流水的景象，站在桥上，天光云影倒映在碧波荡漾的水面上，落日余晖中，那抹渐变的橘黄伴着玫红和暖紫，在蓝天的映衬下，将时光推到悠远的边际。大小各异的鸭子前后错落有致，成群结对地从河流尽头游来，慢悠悠地穿过桥洞，再逐渐消失在远处的蜿蜒河段。不远处，村落中袅袅炊烟升起，使人心中油然而生一股人在画中游的奇妙感触。看来鸭子也能记得归家之路。

这样的情景对张正龙来说实在太平常了。他每天早上五六点天亮时赶放鸭子，晚上六点半左右等待鸭子归巢。整整一天的时间里，鸭子们就在河荡里嬉戏游水，饿的时候捉食小鱼、小虾和螺蛳，累的时候会自己上岸躲在阴凉处休息。大鸭子们总能认识路，小鸭子紧紧尾随其后。遇到傍晚不见归巢，或者大风大雨天时，张正龙就会划上木船，到荡里吆喝几声，鸭子们随着吆喝就回家了。

晚饭时分，摄影师随着张正龙前往码头准备上船拍摄赶鸭子。到了码头边，下船上岸的是张正龙远道而来的表兄弟杨震敏，他在上海生活，如今已快退休。他递给我两枚小小的草鸡蛋，是他刚到鸡鸭棚舍时取出的，握在掌心中还温乎。蛋壳上很光洁，是因为鸡棚里铺满了稻草，平时喂食玉米和稻子，长成的蛋黄也就能黄得发红。他指引我看向河对岸的土坡，上面隐约奔走的便是露天散放的草鸡。

● 村里的老街上至今依旧保留下不少老建筑，老人们喜欢坐在家门口的台阶上边聊天边干着家务。 李玲 摄

杨震敏还清晰记得第一次来的时候才 18 岁，当时周围一片都还是干草和红土混合后盖起的草房，卫生条件比不上现在。去年春节回来时，他一下车，看到家乡的变化惊呆了，这里规划建成了新型农村社区，文化礼堂、球场、食堂、卫生室……应有尽有，竟还保留了村里浓郁的文化历史面貌，对老街、老建筑等“修旧如旧、建新如旧”。

今年，杨震敏往返收成村的频次更勤了：一来为了看亲戚，年纪大了，落叶归根的心态总在作祟；二来感慨这实乃身心的修养之地。此时，河面上陆续有船只驶过，它们顺着河流能到达宝应、淮安，也能通往京杭大运河。杨震敏想起 20 世纪 80 年代时，从上海到此要花上两天时间，返途要先坐船到无锡，再换乘火车坐到上海老北站，水路上的颠簸疲惫让他记忆犹新。如今，从上海开车至此只需三四个小时。

杨震敏还向我指了指村里，说这里过去是革命根据地，就是新四军车桥战役的指挥所，张正龙的爷爷当年牺牲的时候，他父亲才 4 岁。

收成村对于张正龙来说，是他土生土长并且不会离开的地方。年轻时，许多人纷纷出走打工，挣大钱，但在张正龙看来家乡才是最好的。如今，他在家里生活，不仅可以养鸭子、种田，时而也能打点鱼自己吃。隔三岔五，在外工作的孩子回来探亲、度假，小孙子见到小鸭子特别开心，一手抱起能玩上老半天。等到孩子们走的时候，张正龙还准备好丰富的土特产给他们带回去。这对于张正龙

来说，就够了。

在收成村里，老街依旧朴实，社区保留了传统小院的粉墙灰瓦，映着明媚的阳光，在微风田野的衬托下，显得干净又温馨。这片土地流淌着太多的平凡往事，也上演过爱国的雄心和壮志，同时孕育出令人难以忘怀的责任和努力，它们直至今日都在反哺当地的生灵，也滋润着新一代的成长。如果说九龙口是一片自然的剧场，那么收成村便是一场奇妙的剧目，只有亲临现场，才能感受最地道的江淮好戏。

● 收成村不仅完成了新型农村社区建设，方便了村民们的生活，还完善了传统村落保护利用规划，保留了唐槐、东海王墓、薛仁贵扣马桩等历史遗存，形成了“粉墙黛瓦　绿树成荫、鸟语花香、小桥流水、田园风光”的村庄形态。 李稔 摄

春耕

人们常说："一年之计在于春"。春日里，农人们常用牛等畜力牵引木犁，对农田或旱地进行耕土播种。2000多年前的西汉农具图谱中，便有对犁的记载。木犁后端的木柄呈弯曲状竖起，可供人手扶，掌握方向。木犁下端近似三角形的坚硬铁器，用以翻土，称作"犁铧"。

夏耘

夏日烈日当空，正值作物生长的旺盛时期，也是杂草茂密之时，农人们此时常顶着高温，下地耕田松土除草，以维护作物的健康成长。正如唐代诗人李绅在《悯农》中描绘的景象："锄禾日当午，汗滴禾下土。谁知盘中餐，粒粒皆辛苦。"

四季稻作

在九龙口的传统生活方式『渔樵耕读』中，农耕活动尤与时令联系密切。《荀子·王制》中有言道：『春耕、夏耘、秋收、冬藏，四者不失时。』随着一年四季的更替，春耕、夏耘、秋收、冬藏，成为当地人们依循时令节气开展的主要劳作活动，也是人与自然万物和谐共处的最直接体现。

㊫ 曾玥

金秋，是最令农人们期待的季节，此时将迎来一年辛勤的回报。“春种一粒粟，秋收万颗子。”影射的正是农人们此时的忙碌身影和愉悦心情。

寒冬来临，大地万物将进入休养生息的时刻，农人们此时会将收获的粮食储备起来。同时，也会张罗起年货，这也意味着不久的将来，一切都将苏醒，大地又将迎来生机勃勃的景象。

▲ 用高汤烩成的土膘，曾经是盐城宴席上的第一道菜，土膘脆弹，在烹饪过程中如海绵一般吸足所有食材的精华，在餐桌上一亮相便能俘获一桌食客的味蕾。李稔 摄

私藏美味

芦荡客栈里有最地道的特色美食淮扬菜，这得益于九龙口比相邻三市四县更加四通八达的地理环境。在一道道美味佳肴中，大闸蟹、蚬子、昂刺鱼、虎头鲨……生长于河荡中各式各样的河鲜，成为游客不可错过的味蕾体验。吃过了河鲜与时令佳肴，再到九龙口镇的集市上逛一逛，草炉饼、金刚麒、油端子……这些只有当地人才叫得出名字的美食，在经过民间美食家的想象与创造后，将开启另一场地道旅程。

九龙九鲜，九味久留

文 黄崇崇

摄 李稔等

九龙口湖荡的生活，缠绵着浩渺的诗意。空濛的雾气时时浮动于绿莹莹的水草中，偶尔有撑篙的小船划过。看似平静的水面，底下却是风味江湖的暗潮涌动，藏着令人惦念的鲜味。“九龙九鲜”源于淮扬、高于淮扬、独于淮扬，自成体系。对食客来说，如果错过了九龙口的这一口鲜，绝对是憾事一桩。

一桌的河鲜，宛如一幅美景，勾勒的分明是这湖荡草滩里的碧波荡漾，令人不禁心旌摇曳。

小镇上的淮扬味道

九龙口地处里下河平原，近海临湖，九河通畅，自古是“饭稻羹鱼”之乡，密织的河网中，孕育出丰富的物产。“稻麦蒲柴藕，鱼蟹鳖蛋虾”，一年四季各式时鲜至味，应接不暇，可以变着花样吃个遍。夹在淮安、扬州、盐城三座城市中间的九龙口，饮食上也是深得淮扬菜的精髓。

九龙口芦荡客栈的厨房，是孙师傅的领地。孙师傅是九龙口镇美食圈里响当当的人物。他是这里的掌勺大师傅，关于九龙口的味道，他了然于胸。孙师傅一言不发，娴熟地处理着各种食材，安排不同菜品登场的先后顺序，做着下锅前的准备。

老鸭煲耗时最久，优先安排入锅炖煮。虎头鲨、河虾、螺蛳等河鲜，案桌上满满当当地摆了一圈。葱姜调料，整齐地切成细条，搁盘子里摆好，等待入锅后的惊艳亮相。一桌的河鲜，宛如一幅美景，勾勒的分明是这湖荡草滩里的碧波荡漾，令人不禁心旌摇曳。

在众多食材当中，黄鳝有着特殊的地位，孙师傅有他自己的理解。他手下的一道爆炒鳝丝，生动地诠释了这味食材的精髓。指头粗的黄鳝肉质细嫩，脂肪丰腴，是这道名菜的正宗原料。

在孙师傅的手里，一条鳝鱼往往只取最为细嫩的脊背肉。锅中加蒜片煸香，倒入调配的对汁芡，鳝丝入得锅中，翻炒裹上薄

茨。急速颠炒中，葱蒜的香，鳝丝的肉脂味，统统出来了。

白瓷盘里刚出锅的鳝丝，色泽乌亮莹润，令人食指大动。尝一口，鳝肉嫩滑如丝绸，口感鲜爽醇厚，齿颊留香，不觉多下几筷，贪恋这百转千回的美味。这道鳝丝的功力不言而喻。

淮扬菜能够在八大菜系中脱颖而出，成为国宴首选，并非浪得虚名。淮扬菜讲求原料鲜活，极为看重时令。“春有刀鲚夏有鲥鲥，秋有蟹鸭冬有野蔬”，说的正是这应时而食的考究。

不同于粤菜的昂贵珍奇、川菜的麻辣个性，淮扬菜清雅平和，讲求发掘食物本味，擅长化普通食材为神奇。国宴上通常以淮扬菜为基准，普适众口，颇有“治大国如烹小鲜”的意味。

淮扬菜“天然去雕饰”，没有厚重调料的遮盖，这就需要厨师耗费心思研究做法，对食材也提出了更高的要求。

河鲜要现杀现烹，定格它的最佳风貌，但越是鲜活的食材，越经不起长途跋涉。所以要吃到正宗的淮扬菜，还得到这江淮间的鱼米之乡，钻到河网密织的河荡巷弄中。

孙师傅在风味江湖间行走了40余年，深谙个中门道。九龙口天然优异的丰富食材，更给了他在厨房里施展身手的空间。

一桌子的时鲜野蔬，在他的急炒速烩间，呈递出一道道人间至味。

▲ 对于生活在九龙口的当地人来说，保证食材的新鲜是件容易的事情，菜市场上售卖的多是当地人种植且当天采摘的蔬果，河鲜店中都是活蹦乱跳的鱼虾。

CCTV.com
贺盛 • 黄金展位合作伙伴

一生八大碗，民间的盛宴

如果说，登上国宴的淮扬菜代表了平和兼容的国家级讲究，九龙口八大碗则是一场民间的盛宴，与九龙口人的一生相连。

在九龙口，重要的宴席有吃八大碗的习俗，这也是盐城地区的宴席传统。最初是六大碗，随着食材的丰富，如今已经发展到了八道。

在具体的清单上，各地有自己的变化。但一道烩土膘，是不可缺少的主角。

当地人称“无膘不成席”。在盐城的酒席中，头一碗必须是猪膘，此菜因此有雅称为“盐阜一品烩”，又叫“江北头道菜”。据《盐城县志》记载，鱼鳔原本为盐城贡品，价格昂贵，聪明的盐城人将猪的皮涨发，制作成了鱼鳔的形状，称之为“土膘”，这便是膘的起源。

淮扬菜讲究高汤，头道菜烩土膘自然也不例外。要以猪骨、猪蹄、老鸡或鸡骨为原料，经过6至8小时的历练，文火吊出的汤浓郁鲜香。高汤中加入肉皮、青菜心、木耳等配料，当肉皮的毛孔里吸满饱饱的汤汁时，一道烩土膘的风味渐成。

品一勺汤，清鲜不腻，五腹六脏熨帖，先定了神。夹一块肉皮，层次饱满富有弹性，咀嚼间肉皮孔中的鲜汤，直沁入心脾，顿时明白了九龙口人为何对它爱得深沉。

① | ②

① 退休之后的孙师傅常常被邀请到酒店为远方来客烹饪菜肴。说起退休生活，孙师傅表示计划出版一本自己研发的百道菜肴的菜谱，截止目前，孙师傅已完成三十多道菜色。

② 在正式下锅烹饪前，处理食材、备菜摆盘也是一项技术活。

至于芋头虾米羹、萝卜烧淡菜等，更是山鲜与河鲜碰撞后诞生的风味创意。苏北常见的平民食材，费了心思烹饪，却可以妙笔生花，惊艳地成全彼此。看似简单的菜里，藏着几多良苦用心！

农耕社会里，一年中最为重要的宴席，大多选在农闲的时候。正值初夏，宴席的木桌子都摆到了户外。高汤烩制的土膘打头阵，八大碗轮番登上餐桌。

在最重要的日子里，食物也被赋予了某种见证的意义。一桌8人的宴席上，一碗糯米肉圆要放25个。每人分到3个，碗里还余1个，为富余之意。涨蛋糕寓意节节高，芋头虾米羹中羹字谐音“更”，寓意万象更新，在宴席上赢得过无数青睐。

桌子上，每碗菜都要堆得冒尖。柴火灶台上，红烧肉煨得正熟。过堂风不时吹来，大家热热闹闹地吃一顿饭，心中喜悦。这些滋味扎实的菜，给过九龙口人许多踏实的慰藉。

如今，吃食的选择丰富，八大碗也不再是宴席才有，已经散入千家万户一日三餐之中。心血来潮时，下厨做一碗温润的芋头虾米羹解馋。逢年过节，一家人难得聚在一起的时候，做一堆糯米肉圆，是心照不宣的默契。用实打实的五花肉、糯米、鸡蛋捏成的圆团，用料敦实，毫不含糊。鼓鼓的肉圆，在沸腾的油海里沉浮，表皮呈现出迷人的金黄色泽。这丰饶的颜色，便是家的心安与温暖，万般坎坷忘却。

这些看来平常的饮食，人与物产打交道沉淀下来的风味，陪着九龙口人欣赏过多少良辰美景，又见证了多少人生的悲喜圆满。

白瓷盘里刚出锅的鳝丝，色泽乌亮莹润，令人食指大动。尝一口，鳝肉嫩滑如丝绸，口感鲜爽醇厚，齿颊留香，不觉多下几筷，贪恋这百转千回的美味。

▲ 来到九龙口，一定不要错过当地特色的老鸭汤，这以食材出名的汤品，熬煮后不只是汤汁清亮诱人，隔上老远也能闻见十足的香气。

九龙九鲜里的四季餐桌

如果说八大碗是食材的恒久，人生中的每个重要时刻都有它的登场，那么九龙九鲜，应时而食，则是四季流转，是老天给九龙口可遇而不可求的馈赠。对于时序变化，孙师傅也有自己的尺度。

春江水暖时，塘鳢鱼细嫩，甲鱼肥美，是不容错过的舌尖至鲜。

一道甲鱼南瓜羹，是孙师傅最为得意的作品。当地湖荡里的甲鱼洗净焯水后，要徒手拆、蜕皮、去壳、卸肉。孙师傅的做法，只留下最为精华的甲鱼肉，并剪成小块备用，处理上足见其精细。

甲鱼与南瓜的天才搭配，则是他对食材的发挥创造。南瓜、胡萝卜打成茸，提鲜的同时增加色泽。恰到好处似黄芪，赋予它若有若无的一丝药香，又不至于喧宾夺主。

“做菜就像是中医，讲究调和！”孙师傅的甲鱼南瓜羹看不出外形，却尽得其精华，软糯可口，将咸、鲜、香的口感发挥到了极致，令无数老饕为之折服。

到了暑热夹湿的夏天，最宜喝老鸭汤。“大暑老鸭胜补药”，九龙口滩涂间散养三年的老鸭，黄皮黄油，是九龙口人的滋补秘方。

孙师傅知道，处理优质食材反而要化繁为简。炖一锅老鸭煲，除了加入葱姜去腥之外，他不添加更多调料，让时间来成就食物本身的美味。砂锅中持续的高温逼出鸭肉的黄油，隐隐的香味，伴随着蒸腾的烟气在厨房里飘荡。

『九龙九鲜』是里下河地区生态美食的集成，建湖美食的大成，以农业产业化、标准化为支撑，以九龙口湿地食材、建湖食俗文化、地标美食为基础，以建湖美食技艺传承、创新、融合发展形成的一系列食养融合的菜点、产品、商品的总称。

老鸭汤口感浓厚，又带清新的甘甜，丝毫不觉油腻。食欲不佳的夏日，豪饮几碗，胃口和心境都会变得开朗起来。

当秋风渐起，荷塘深处莲藕已经成熟，预备下秋天的脆嫩，莼菜鲈鱼也开始勾人相思。还有另一种至鲜美食，将要走进孙师傅的厨房。

在九龙口广阔的水域里，水质清纯水草茂盛，最适合大闸蟹生长。吃着螺蛳、小鱼小虾长大的螃蟹，与吃饲料长大的同类相比，拥有更长的生长期和更强健的体魄，蟹黄丰腴，蟹肉细嫩，最能满足食客的心情。“青壳、白肚、金爪、黄毛”，是他挑选九龙口大闸蟹的八字秘诀。

据《盐城县志》中载：“秋有湖蟹，产于西乡湖荡中，味较他处独美。至秋时淮扬贩载而往，无闲晨夕。”如今，吃蟹的盛景依旧。煮熟的螃蟹鲜美丰腴，蘸点佐料，就是最好的下酒菜。卸掉外壳，剔出蟹肉、蟹黄，做成蟹羹、蟹黄包，又是鲜美一餐。

另一种更为生猛的做法是醉蟹。特制的米酒、淮盐、花椒混合成一锅醉人的汤汁，让螃蟹先在这锅温柔乡里“醉”上三四天。待到蟹壳变成黑红色，就可以敞开肚皮享用了。

秋天的餐桌，还属于各种水八仙。身形白腴的茭白清甜爽口，沙糯醇厚的菱角、慈姑，被活水滋养涤荡过，带着水盈盈的灵气。不消多说，自是常客。

餐桌之上，四季流转变幻，登台换角，但时蔬鲜味从不间断。天天有鲜、餐餐有鱼，是属于鱼米之乡的阔绰，也是九龙口人的日常。

① ② ③

① 甲鱼南瓜羹，是孙师傅基于传统甲鱼羹的食材和制作改良之后的菜品，羹汁入口绵柔丝滑，中药材的香气凸显了甲鱼的柔密口感，如今已成为孙师傅最引以为傲的作品。

② 裹上黄泥的鸭蛋。

③ 腌制好的咸鸭蛋，蛋黄发红，细糯出油，是配粥下饭的好搭档。 视觉中国 供图

各路食材，逐波而来

在物产丰富的地方，打理一家的饭菜并不是难事。

早餐一碗软糯的白粥，有当地咸鸭蛋下饭。它由当地土种麻鸭下的鸭蛋腌制而成，淮扬地区的咸鸭蛋，口感正如汪曾祺曾经说过的：“质细而油多。蛋白柔嫩，不似别处的发干、发粉，入口如嚼石灰。”

九龙口人有独特的土法来腌制咸鸭蛋。准备好三只巨大的塑胶圆盆，一盆装满生鲜鸭蛋，一盆盛上黏稠的黄泥，剩下一盆装满黑乎乎的青灰。拿出两三个鸭蛋，在泥盆中裹匀黄泥，放了盐加了酒的泥料起到调味和保鲜的作用，之后滚上一层稻草烧成的青灰，再裹上袋子，客人买回家静置一个月就可以吃了。

做好的咸鸭蛋用筷子挑一下，红油冒出来，能顺着筷子往下滴，这是最好的早餐搭档。

平日里，到菜市场逛一圈，拎几尾鱼，红烧或清炖，就够一顿午餐。若是得闲，还可以下得河去亲自捕鱼打打牙祭。九龙口镇岸边的居民，几乎家家都有一艘小木船、几副渔网，闲时即可划着小船到芦苇荡深处去。丰饶的河流，不会让人的希望落空。一家子吊个小汤，做盘河鲜小炒，管够！

如今，发达的物流大大加快了食物迁徙的步伐，各种食物出现在九龙口人的菜市场中。但本地的河鲜依旧在餐桌上占据着显要位置，这是刻在骨子里的味觉记忆。

九龙口举行“九龙九鲜”四季品牌菜的研发和创意征集，重新讲述着河鲜的故事。在众多河鲜的激烈角逐中，来自九龙口的大闸蟹、建湖的青虾、蚬河的蚬子，芦荡的柴格丁、莫河的甲鱼、林上河的泥鳅、钱沟的河蚌、新舍河的塘鳢鱼（虎头鲨）脱颖而出，有望成为风味代表。各路食材逐波而来，正如汇聚于这个小镇的九条河港，际会于斯，萃取精华。

孙师傅也正在着手整理菜谱，他想和大家分享多年的实践所得，炖、焖、煨、焐、蒸、烧、炒，如何成就一道道美味。四十年前，他误打误撞进入厨房工作，开始了半自学的颠锅炒菜的生涯，于方寸厨房间愈探索愈深入。对于孙师傅来说，厨房的秘密是他钻研一生的财富。

对于九龙口人来说，一日三餐，则把他们的青春、故土和美好生活联系在一起。在一碗热汤、几尾河鲜里，他们对这丰盛迷人的烟火人间，爱得深沉。

九龙追月·相逢江湖	九龙九鲜全家福
飞龙入田·纵横天虾	建湖水仙凤尾虾 小葱美极酥香虾
盘龙吐气·枕戈待甲	湖塘甲鱼马鞍桥 甲鱼焖鸡腰
猛龙过江·成群结蚌	冲浪河蚌韭菜香
潜龙在渊·各有千鳅	芦苇荡金鳅
跃龙翻波·所宝惟蚬	蚬子虾饼
腾龙驾雾·气宇轩昂	石锅椒汁昂刺鱼
团龙穿云·坚持不蟹	花雕大闸蟹
蛟龙得水·大浪淘鲨	刀板肉蒸虎头鲨
群龙夺宝·雕文织柴	芦荡柴格丁
龟龙片甲·五味俱全	新派酱卤元宝骨 金汤酸熬鱼片 九龙口老鸭汤 凉拌藕片 砂锅水芹 慈姑烧肚条

① 　“九龙九鲜”创意菜品。

② 在九龙口，除了各色河鲜外，水芹、菱角、慈姑、荸荠、莲藕、芡实、韭菜（海洛图库 供图）、茭白等水生植物的可食用部分，经与荤素一同蒸炒，能成就当地物产的另一种鲜美。 林天意 绘

莲藕

茭白

菱角

芡实

荸荠

韭菜

莲子

水芹

慈菇

蚬子
○ 蚬河
○ 蚬子羹
柴格丁
○ 安丰河
○ 红烧柴格丁
昂刺鱼
○ 溪河
○ 争艳昂公
虎头鲨
○ 新舍河
○ 红烧虎头鲨
泥鳅
○ 林上河
○ 红烧泥鳅、酱汁泥鳅

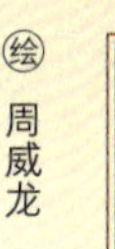

甲鱼

○ 莫河
○ 荷塘鳖王

河蚌

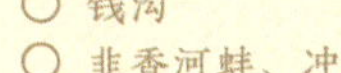

○ 钱沟
○ 韭香河蚌、冲浪河蚌

大闸蟹

○ 涧河
○ 盐焗大闸蟹、清蒸大闸蟹

青虾

○ 城河
○ 九龙口醉虾、腐乳炝虾

2

岁时里的食藕人家

文 孔雪
摄 李稔等

在九龙口这得天独厚的气候和水文条件下，有经验的藕塘主通过控温、控水的方式，让藕安然越冬，留到莲藕稀缺的四月再开始采挖，从而抢占市场。在九龙口种藕，藕能给人留有余地。这在种藕行家们看来，确是一块宝地。

尚未被挖藕人采挖过的水田里，水面上荷叶枯秆连同倒影，形成各色几何形状，而挖藕人正开采的水面上，则漂浮着若隐若现的雪白莲藕。

阳春四月的江南，油菜花已开到尾声。芦苇荡的风吹到九龙口镇上，变得柔和了许多，继而吹到村落外那片片四四方方、映着天光的藕塘中。此刻，在九龙口藕塘边，我们正与一位种藕行家聊藕之种种。“再种藕后，身体好了吗？”曾做过不少生意，近年又重回藕塘后的他，认真地给了一个肯定的回答：当然——因为夜晚九龙口的藕塘很是静谧，也很养人。这让人想到朱自清在《荷塘月色》中谈起在藕塘独处的妙处：“这一片天地好像是我的；我也像超出了平常的自己，到了另一个世界里。我爱热闹，也爱冷静，爱群居，也爱独处，像今晚上，一个人在这苍茫的月下，什么都可以想，什么都可以不想，便觉是个自由的人。”

但藕塘的白天热闹得很。我们正赶上九龙口的采藕时节，藕塘中的水已被抽得轻薄，水面因风又起着涟漪，连片藕塘正轮番被采收。国内多数藕塘已在年前年后完成收获，九龙口此时仍飘着新采鲜藕独有那般气息——马蹄混着水草香的透爽清甜。

吃藕不忘挖藕人

莲藕是一种中空、有孔的植物根茎，但它对人可谓心地实在，荷叶、荷梗、荷叶蒂、莲子、莲心皆可食用或入药。作为根茎的藕，无论食用或药用，都能清热开胃、清心安神。在我国，莲藕在江苏、安徽、湖北、山东等地被广泛种植，成为这些地区重要的经

▲ 每逢夏日，九龙口的大片荷塘上，便呈现出一派“接天莲叶无穷碧”的怡人景象。 视觉中国 供图

济作物。藕也是寻常人家餐桌上的常见食材，对老弱妇孺尤为滋补。行家看藕，以藕身肥大，无伤无斑，藕孔清净无断节，肉质脆嫩，水分饱满，带有清香的为佳。行家吃藕，除了划分早中晚熟不同品种外，还以清嫩侧枝拌、炒，以肥大主枝煲汤。

吃藕清闲，种藕不易。藕喜温，好水，不耐阴。处于温带季风气候之下的九龙口，水系蜿蜒复杂，土壤富含有机质，这使藕塘高产且富有活力，从而生长出藕身粗壮、口感脆嫩、清香高甜的莲藕。不同于杭州白花藕、江西无花藕等浅水田藕，在九龙口被广泛种植的是适于藕塘种植的深水藕。藕塘水位常在 30 ～ 60 厘米，最深不过 1 米。种植品种以中晚熟品种居多，如鄂莲 5 号、宝应美人红等。

处于温带季风气候之下的九龙口，水系蜿蜒复杂，土壤富含有机质，这使藕塘高产且富有活力，从而生长出藕身粗壮、口感脆嫩、清香高甜的莲藕。

在北方，人们常用“人去烤火，我往湖里走”来形容寒冬季节挖藕人的艰辛。相对而言，九龙口晚熟藕的采挖季节越过寒冬，为藕塘主提供了更有利的交易时间差，也让挖藕人多了些许从容。此时，收购鲜藕的大型冷藏车静静等在田间路上，几只白鹭在塘泥间优雅地行走，捕食小鱼小虾。同在这幅采藕图中的人们却没有这么轻松。

藕身脆嫩，自古以来，挖藕这一行始终无法用机械代替人工。挖藕人须在某种意义上，也变成一只藕——他们穿着厚重的隔水皮衣，如莲藕一样深陷在塘泥中，躬身用手在水中划探，凭借经验在泥下深处触到根茎、摸出其走向与长度，再用力气与巧劲将藕身小心地完整提出来。这是挖藕人展现技术的时刻，掌握力的分寸与着

▲ 刚采出的鲜藕，浑身散发着清香，削去外皮，便可清脆入口。

力点，才能使藕保持不破皮、不断身、不灌泥，拥有上好的卖相。尽管现在用高压水枪冲泥可提高挖藕效率，但挖藕依然是需要力量与经验的艰辛活计。挖藕工人主要由男性承担，老藕农常伴有风湿痛，手指关节也比常人粗大。

采好的莲藕漂在水面，洗好后会被收放在藕塘旁的空地上，覆上一层防风膜避免清脆的藕皮被吹得氧化发黑，随后被装入冷藏车。两三天后，九龙口的鲜藕就会出现在四川、广东的农贸市场。种藕与采藕接连进行，清整好的藕塘再度灌水，栽种藕苗。也有藕塘主留下 1/4 面积的藕田，作为下一年的藕种田。通常一片藕塘在种藕三五年后，就需轮植其他作物，让土地休养生息。藕塘，算得上是迎来送往的水田。九龙口的优渥藕塘吸引着外地的藕塘主，也在挖藕季节聚集了近到宝应县、远至安徽的职业挖藕人。近几年，这些职业行家将藕塘生态养殖引入九龙口。除了养殖小龙虾，一些藕塘会养殖能吃藕蛆的黑鱼、草鱼、泥鳅，形成巧妙的生态食物链。这样的藕塘不需打药也能收获品质上佳的莲藕。

回想今日所见新鲜荷藕中那些水灵清鲜的白茎，我也更懂了人们为何赋予藕诸多与『玉』相关的雅称，譬如『玉玲珑』、『玉筝』。正如『挖藕如采玉』，藕在九龙口的生息光景，也淳朴似玉。

居家不无藕事

在九龙口所属的里下河区域，莲藕被广泛种植。日久天长，藕也被种进了寻常人家的烟火日常之中。

中秋夜，待月高升，人们在天井里祭拜月神，将白藕与水果、

①

②

① 一块块越冬后的藕塘，在春日里颇有一番活泼气息。尚未被挖藕人采挖过的水田里，水面上荷叶枯秆连同倒影，形成各色几何形状，而挖藕人正开采的水面上，则漂浮着若隐若现的雪白莲藕。

② 采摘下的鲜藕，需快速装车、运输，一旦遭受风吹日晒，鲜嫩的外皮会迅速氧化。

糖饼放在一起做供品。未婚女婿也在此时向岳父母家赠送鸭子、荷藕、鱼肉和月饼等吃食。这样的藕，主枝越长越好，枝节越多越好，不能断，白白净净的藕身有时还会被系上喜庆的红绳。将藕与人的关联聚焦到建湖一带，据《建湖县志》记载，明末建湖人就已采集湖区野生藕，大面积的人工种植始于20世纪50年代。建湖一带还曾有藕市。

村外的藕塘里正接纳着外地种藕、挖藕人，九龙口的本地村民长久以来则做着安闲的食藕人家。人与藕的关系没有现代工业的排场，自然而然，倒也平淡从容。赶一赶九龙口每月5日、15日、25日的镇上大市集，不难看到新鲜的莲藕和粗加工的藕粉。种藕已有规模，但尚未形成现代化的产业链。与周边有“荷藕之乡”之称的宝应县相比，九龙口的莲藕种、产、食，更有农耕时代下江南人家的意味。村里的老人家会捡藕塘剩下的废藕，带回家喂猪。家家户户和大小饭店里，都咕嘟咕嘟烧着做法家常的藕茶。人们像古时那样在中秋时供白藕，平日里亲友来了就送一提藕粉圆子。我想起很久以前，被贬谪的苏东坡将藕写入一首俏皮的回文诗排解愁闷，“手红冰碗藕，藕碗冰红手”。这种借藕生发的情趣，大抵也在类似小农风情的衬景中吧。

除了我们熟悉的桂花藕、清炒藕片与排骨莲藕汤，九龙口最出名的一道莲藕美食就是藕粉圆子了。其制作分备料、搓馅、裹粉、烫制4道工序。先将果肉、板油、白糖、芝麻粉，加桂花、杏仁、核桃仁、松子仁、金桔饼等制成馅心，搓成球，放入装有藕粉的柳

▲ 想要制作出一道弹劲美味的藕粉圆子，备料、搓馅、裹粉、烫制等几道步骤最考验技术。图虫创意 供图（右下）

采好的莲藕漂在水面，洗好后会被收放在藕塘旁的空地上，覆上一层防风膜，避免清脆的藕皮被吹得氧化发黑，随后被装入冷藏车。

匾中来回均匀筛动，使馅芯粘上一层薄粉。将成形的小圆子放入漏勺，浸入沸水，捞出后再裹藕粉，如此反复裹粉、氽制，直到圆子颜色变得通透泛紫，将其装入汤碗便大功告成。藕粉圆子入口弹嫩，馅甜入心。在整个江苏北部地区，它可做甜菜也可做主食，常见于喜宴寿宴，取意团团圆圆，更被社会学家费孝通称为独有的“珍品”。

九龙口还有一种在外地不常喝到的家常饮品——藕茶。不同于荷叶茶或鲜榨莲藕汁，藕茶的制作方式十分简单，但很需要耐心。藕段切块，但必加藕节，如煲汤一样，用小火煮水，时间越久越好，藕茶颜色也便越煮越深。中国古代颜色称谓中就有藕色与藕荷色。《红楼梦》中说的“藕色绫袄”，指浅灰而微红，也就是藕茶煮半小时后的颜色。煮了两三个小时后的藕茶会变成紫色偏粉的藕荷色，给人更为温厚的视觉与味觉。中医认为藕节性平、味甘涩，有止血散淤之效。藕茶入口温滑，让藕节这种常被弃掉的食材在九龙口有了妙用，化入居家味道。

“来藕塘，还是七八月份最美，那时候我们常来附近的水渠钓鱼。”离开藕塘时，司机师傅聊起他的爱好，我也跟着想象荷塘垂钓的光景。本地村民、藕塘主和挖藕的人们，早已与夏日风摇菡萏的碧绿桃红习以为常，人在画中而不自知。但对异乡人而言，那是一幅让人心神往之的画面。九龙口也因此正规划营建一片“万亩荷塘”风景区。它将以不同于藕塘采藕的观赏型花莲为主，营造出“白藕新花照水开，红窗小舫信风回”的场景。未来，游客或许能在那里有藕花深处惊起鸥鹭的奇遇。

▲ 用藕节、糯米、桂花制作而成的桂花蜜藕，备受人们的青睐，不仅是一道家常菜，还是闲暇时分的茶点小吃。
视觉中国 供图

3

小镇上的儿时滋味

文 黄崇崇

绘 曾玥

小孩子胃浅，饿得也快。放学后，来一块油端子，一口落胃，满足！童年的快乐往往就是如此简单。故乡之于我们，从来不是衣锦繁华的眷恋，而是最淳朴的味觉思念。

江湖前路虽远，内心却只有一个归宿，就像这九条河道汇聚之处。九龙口镇位于稻、麦文化交界处。生活于此的人们，在面粉上施展才智，演绎万千变化，制作出了各式各样的民间小吃。这里诞生的小吃，既有北方面食的厚重，也有南方稻作文化的细腻。

焦黄香酥的草炉饼、金刚麒、油端子……在集市巷口的小吃摊上，这些吃食依旧活跃，穿插于一日三餐间，丰富着我们的味觉回忆。它们是充饥的辅食，是日常口味的调剂，更是祖辈沉淀下来的生活智慧。

无论是结婚生子，还是负笈远行，当再见到旧巷口的师傅轻巧地从油锅里捞起的油端子，嗅到那美味香甜，乡愁立即被唤醒。

草料将炉腔烧红，眼看炉膛温度已高，师傅便用火叉拨灰，压住火苗。只见他加快节奏，抓起面饼坯，徒手就伸进炉子里，将面饼往炉壁上贴。噼里啪啦，从炉膛的左右两侧，一直贴到顶端。转眼之间，饼坯挂满炉膛。

草炉饼的入炉，全凭师傅多年经验。整个过程往往只需几十秒，真功夫也正在此。

在壁温的烘烤下，不消片刻，饼坯便渐渐鼓起。饼面呈现出诱人的古铜色，浓郁的饼香便在店堂里弥漫开来。瞅准时机，师傅一手持铁铲，一手执网兜，将满炉烧饼铲进网兜内。

新鲜出炉的草炉饼外壳焦黄、香脆，又甜又酥。晚清建湖学者陈玉澍喜欢吃草炉饼，还写过『东街口草炉饼只只香酥』的对联，赞其美味。张爱玲在散文《草炉饼》中，还专门描写了昔日江苏及上海街头叫卖草炉饼的生动场景。

草炉里这一摊小小的火，温暖了一代代九龙口人的胃。

金灿灿、圆墩墩的油端子，最寻常的街头小吃，却是多少人的儿时回忆啊。大街小巷中，油端子的小摊子随处可见。刚下锅的在油海里翻滚；炸好的在油锅上方的篦子上一排摆开，等待食客的光临。

说起来，油端子其实就是萝卜丝饼，各地都有它的踪迹。上海人习惯叫『油墩子』，杭州人管它叫『油墩墩儿』，苏北人则称其为油端子。

油端子的制作方法也是大同小异。摊主往往拿一把扁圆形的长柄勺，舀一勺面粉糊，铺上萝卜丝，再盖上一层面粉糊，连同勺子一起浸入热油锅中。

可口的油端子一定要炸到外壳微焦才好！眼见着面糊在热油中鼓起，在『滋滋滋』的声响里，释放着美味渐成的讯息。

油端子刚出锅的时候冒着热气，这是它美味的黄金时刻。迫不及待咬上一口，面糊酥脆，萝卜丝水润清爽，最朴实无华的配方，却是极为恰当的搭配。跺着脚，一鼓作气吃完。舒坦！

金刚麒

金刚麒，九龙口人的土面包。

『用料必须老面、烘炕必须吊炉。』制作一块巴掌大的金刚麒，也要经过和面、发面、醒面、兑碱等十多道工序，每一道必须拿捏有度。把和好的面团揉搓成圆形，再在面团上分切三刀，『花瓣』的模样就出来了。

刚出炉的金刚麒，表皮是迷人的金黄色脆壳；掰开，露出里边白皙松软的内瓤。咬一口，碱面的香味充满口腔。待你细细咀嚼，又带点甜意，面香醇厚，直钻鼻翼！一角一角掰开，用开水或肉汤泡着吃，又是另一番风味了。

这种起源于盐城、闻名苏沪两地的传统小吃，耐饥且耐放，贯穿于九龙口人的回忆中。

卜页包油条

卜页包油条，是九龙口人在早餐清单中的别样创造。

卜页是一种豆制品，北方人称它为豆皮，安徽、江西等地叫千张，在江苏，它是卜页。

新鲜的卜页有好看的嫩黄色，皮薄柔韧，轻易就可以把油条温柔地卷裹起来。卜页的柔韧与油条的松酥香脆巧妙融合在一起。轻轻咬一口，蛋白质与油脂在这里相会，温热的豆香与油香在口腔中混合，一种全新的口感诞生了。

当卜页遇到油条，日常食材间的排列组合，创造出独特的风味，丰富着早餐的选择。

馓子

馓子，苏北人的街头零食，一种非常古老的小吃。早在春秋战国时期，寒食节禁火时食用的『寒具』即为馓子。细长的面线在师傅的手中灵巧地缠绕在一起，再往滚烫的油锅中炸上片刻，就成了一捆金黄色的馓子。油用的是特产小磨麻油，因此格外香酥。

馓子通体金黄酥脆，布满细密的小泡，吃起来声响清脆。一口咬下，浓郁的油香在口腔爆开，十分过瘾。但也因为归于酥脆，每一口总难免有些意外掉落的碎渣，真是又遗憾又满足。

◆江苏省杂技团以华中鲁艺的学习战斗经历为素材，创作了杂技报告剧《芦苇青青菜花黄》，将红色文化、运河文化、铁军精神融合一体。江苏省杂技团 供图

淮杂走天涯

淮剧文化、杂技艺术，是当地劳动人民长时间在特定历史环境的生活生产中凝结的智慧结晶，其中倾注的是世世代代演艺人的心血，更不乏极致的追求和挑战，这些品质在传承的历史长河中最终凝聚成为建湖人的内在精神。在九龙口，“淮杂非遗”携手“湿地世遗”，与湿地、荷塘、小镇构成了文旅综合体。它动静皆宜，能让“社牛”们一起欢游，也允许孤独者静静漫步。

沙庄村：永不落幕的狂欢

◎文 夕夕 ◎图 九龙口镇等

有着 600 多年历史的沙庄村，正在历经新的蜕变。沙庄村里的村民、景区规划者、管理者、戏曲演员……所有人都在忙碌着，他们眷恋村子里的旧日生活与故人，心中又在期待并迎接着沙庄村的未来。不久之后，沙庄村将不再是深居芦苇荡中的小村落，它将以自然、清新而富有蕴味的面貌，迎接远道而来的人们。

一条街道与数条小巷串联起了村庄的骨骼，宛如一条饱满的大鱼。

梦中蓝图

夹河，挖还是不挖？这是一个令人头疼的问题。在沙庄村的入口处一间简陋的平房里，淮剧小镇指挥部的人正在忙碌，他们要高效地协调各方资源，推进整个小镇的建设。

2001年，为了发展九龙口旅游业，沙庄村将夹河填埋，修成了一条宽约9米、长500米的硬质道路。这是一个颇需勇气的决定，当时居民仍然习惯舟船出行，人们划着船从芦荡区进入村中，在夹河上进行交流、商贸活动，夹河的填埋意味着沙庄人结束了舟船出行的生活方式，也显示了沙庄村坚定走进现代化的决心。如今，夹河的复原被提上议程。

与夹河复原同期开始讨论的，是一套完整的蓝图。在九龙口旅游度假区的总体规划中，沙庄村作为自然村，被规划建设为淮剧小镇。作为承载国家非物质文化遗产淮剧项目的空间，淮剧小镇毫无疑问地将成为九龙口旅游度假区的核心板块之一。

沿着主街往西走，沙庄村的肌理就在眼前渐渐展开。

石桥、水街、老宅……在水色迷蒙中，生出一派“村在荡中，荡在村里”的水乡景色。在这里，居民们眼下的生活还一如往常。他们做家务、闲聊天，只有时不时扬起的风沙和施工机械的轰鸣提醒着居民，这项工程正紧锣密鼓地推进。

✦ 灯火辉煌，如今的沙庄村有了淮剧小镇的新身份。 视觉中国 供图

村庄西侧是湖荡区。守护着村庄数代人的龙王庙将被翻修，一棵皂荚树长得枝繁叶茂。阳光下，九条银色的河流从四面八方汇集而来，芦苇青葱，飞鸟掠过。

淮剧小镇的整体规划定位，可以解释为“淮剧文化全景体验地”。戏台就是淮剧的主场，沙庄戏院将唱响淮剧腔调，淮剧文化的展示、交流、创作和人才培养都有对应的展馆基地，淮剧的起源、发展、唱腔流派、名剧名家等内容和元素将涓涓不绝地流淌入村庄的每一处角落。“我们需要尽快完成一期的建设。”陈主任语气坚定地说。他坐在指挥部的长桌边，如数家珍般向访客介绍着正在建设中的淮剧小镇，随后就匆匆离去。墙壁上一幅巨大的淮剧小镇效果图无声地展示着建设工程的规模与复杂，也呈现着众人为之努力辛苦奔波的目标——打造一个梦想中的淮剧小镇。

戏在村里

潘国美的家就在潘家祠堂的后头。沙庄村是一个由家族移民发展而成的村落，明朝初年，朝廷推行移民，苏州阊门一带的人口迁移到苏北，其中，潘、李两家得以在九龙口定居，后来形成了沙庄村。村，是家的外延。潘国美轻车熟路地指点着村中昔日的布局，也包括夹河的位置。

夹河上曾经坐落着三座桥梁，分别为东升桥、中桥和西沉桥。

✦《小镇》的演出，标志着淮剧登上一座艺术高峰，荣获了第十一届中国艺术节“文华大奖”。主要演员陈明矿、陈澄等凭借此剧，还获得了“梅花奖”“白玉兰奖”等多项荣誉。

潘国美后来为村里的小巷起名字，东升桥对应东升巷，西沉桥对应西沉巷。另外几个小巷的名字也各有来历，九龙巷来源于九龙口，沙溪巷与沙庄村的旧名沙溪村有着密切的关系。或许，在潘家人的心中，桥、巷、村本来就是不可分的整体。

沙庄村位于九龙口中心，九条河流呈扇状汇合到一起，为沙庄村与外界往来敞开了通道，宝应、淮安、阜宁的人们纷至沓来。沙庄因此就曾是一个商业中心，成群的渔船停在沙庄周围进行水产品交易，商业气息就此沿着夹河两岸延续和发展，街上鳞次栉比地开着药行、毛竹行、熟食店、米店……

这无疑是淮剧的绝佳舞台，于是，戏曲艺人也搭乘船只来到沙庄。龙王庙见证了来访戏船的繁忙，而沙庄则成为街头戏剧的舞台。艺人穿上华丽的戏服，一声唱腔情绪饱满、铿锵有力，瞬间吸引了观众的目光，在这古朴的街道上，淮剧的生命力得以延续。沙庄的都天庙每逢三月三都有盛大的庆典，像是戏剧的交流日，来自不同村落的几十个剧团会在沙庄中一连上演二十多天的戏剧，村里村外到处是鼓乐的声音。一年到头从不停歇的庙会为淮剧带来了广阔的舞台和新的生命力。

在规划者看来，夹河显然是淮剧小镇中的重要纽带。2019 年，匠工营国项目总负责人石浩玉和他的团队来到沙庄村调研，在与村中老人交谈和多次航拍后，他逐渐发现了夹河的价值和意义。他感到兴奋不已，沙庄村历史悠久，但保存下来的古建筑资源并不多，夹河的复苏能给沙庄带来独树一帜的新面貌。

艺人穿上华丽的戏服，一声唱腔情绪饱满、铿锵有力，瞬间吸引了观众的目光，在这古朴的街道上，淮剧的生命力得以延续。沙庄的都天庙，每逢三月三都有盛大的庆典，像是戏剧的交流日。

① 温泉度假中心，以温泉为特色，成为现代人在忙碌生活中调养身体和休闲放松的好去处。 孙华金 摄

② 漫步在淮剧小镇中，在屋舍掩映之间，常有古香古色的庭院浅藏其中。 九龙口镇 供图

村庄西侧是开阔的湖荡，有着国内罕见的“九龙戏珠”地貌，内部水系贯通，船只能在水面上穿梭，给人强烈的亲水感。夹河北岸的马家堂楼，在石浩玉看来，是一个重要地标。据他推测，过去这里可能是富人区，地方精英住在北岸，普通百姓住在南岸，夹河作为一处开放的公共空间，为水乡注入了商业基因和生活情调。

这个推测或多或少地体现在石浩玉后来所做的一份名为《九龙口沙庄古村旅游业态及运营策划》的方案中——围绕一条全长四百米的水街，淮剧的艺术魅力得以展现。在水街上，游客可体验戏曲妆容，身穿淮剧冠服拍摄写真。淮剧演员将装扮齐全，以“快闪”的形式出现在街头。那些在淮剧表演中一闪而过，最富有淮地气息的唱词、方言，将在博物馆中被一一呈现和解说。而最抽象的表演配乐，则会被置入一个集观赏、售卖于一体的空间，游人可以很直接地感受到淮胡、三弦、扬琴、板鼓等民族乐器演奏的不同音色。

在另一条稍隐蔽的、名为“淮味老街”的街上，也会演绎沙庄村的别样特色。非遗技艺传承人会带领游客穿梭在前店后坊的民居中，重温九龙口的旧日时光。不论是以手工制作出名的豆腐坊，还是编织沙庄人常用的苇编制品、渔具用品的店铺，一切场景都会得到复原。书店与茶楼，也将以不同的面貌——宁静的桃花源和喧嚣的红尘——为这一条旧式老街注入丝丝情调。两条街道，将呈现出古昔与今朝的对照。让淮剧文化落地并融入村庄，从始至终都是淮剧、淮剧小镇、沙庄村三者共同面对的课题。

村在戏中

“记者们来九龙口，我就陪着他们看日出、日落。”司机随口的一句话，描绘出了九龙口的景色。湖荡交错的生态奇观，是人们的视觉飨宴，其中，鸟类自由栖居在湿地中的景象，更孕育出大自然的诗意。

九龙口的生态景观正在逐渐被更大范围的人群得知，游客接待量和度假区营业收入逐年增长，不过目前游客的构成仍以江浙沪地区为主。以沙庄村周边两小时以内车程来计算，所涉及的旅游地点以湿地公园和生态旅游景区为主，湿地、沙滩、森林，景观的差异无疑带来了新鲜感。

600余年的村庄史足以让沙庄从与水斗争的困境中走出，孕育出发达的小镇商业和民俗文化。淮剧本是宗教仪式中的一部分，也曾被用作逃荒时乞讨的手段，却在淮剧艺人巧妙的借鉴和学习中兼容了南北戏曲的精华，在时代中不断求变、创新，并不断突破地域的限制，在上海这一大都会获得了大批忠实的观众。

淮剧艺人始终对自己的故乡充满自豪，靠着一口建湖话传播着故乡的风土人情。1953年对于淮剧来说是一个特殊的年份，这一年，经由周恩来总理建议，将已有150多年历史的江淮小戏定名为“淮剧”，从此淮剧得以正名。后来，新淮剧《小镇》问世，

✦ 淮剧小镇实景表演。 九龙口镇 供图

获得了“文华大奖”和“中国戏曲现代戏突出贡献奖”。在戏中，沙庄成为《小镇》的原型地，更像是一种身心的回归。

沙庄和淮剧在数次的分离重合后再度走到一起。在淮剧小镇的规划中，这里将复原出十八处剧中的场景，其中包括剧中人的家，如朱文轩的家、朱老爹的家等，还有像快嘴王的小卖部这样的商铺，而大钟、门楼、古树、拱桥、集市，很难说得清是在还原剧中的场景，还是在展示原型地的风光。当然，这些都构成了“戏在村里，村在戏中”的精神内核。根据 2018 至 2020 年的《中国文旅产业投融资研究报告》《全国乡村旅游发展监测报告》，乡村旅游人次占据国内旅游总人次已过半数。乡村旅游俨然已成为国内旅游市场的热点，成为人们的主要旅游方式。在乡村旅游中，人们出行的地点或许不一，但是大多希望发掘小众景点，体验当地文化特色，而这最终体现在观看演出和文创产品的购买力上。

关于“戏在村里”的构想，陈主任满怀信心。他相信淮剧的艺术魅力能够借助不同的形式，引导游客沉浸在戏曲之中。作为建设淮剧小镇的参与者以及沙庄村的一分子，潘国美在这个夏天也格外忙碌。但在聊到淮剧的时候，他总是不假思索、娓娓道来，自然地流露出对这片土地的热爱。在他的手机中，一直存有和淮剧名家的合影，还有他演唱的淮剧唱段。

“作为规划者要看到积极的一面。”石浩玉对我说。淮剧小镇在规划、建设、运营上，将充分利用沙庄内的地形、每一个建筑和构造物……甚至还会将季节和天气的变化考虑入内。并且以“建湖县淮剧团”“江苏省杂技团”为核心，将文化和旅游充分融合，而非简单直接地硬植入。在形式感上，要避免强加硬堆，而是达到好听、好玩、好赏、好吃的效果。“到那时候，我们会有每日的常规演艺，涵盖快闪、巡演、剧目等形式。在淮剧小镇里的 18 个景点，也会定期融入淮杂两团的创新性演出。这种沉浸式表演不是简单的淮剧和杂技演出形式，而是注重淮杂文化的融入，通过文化与旅游的巧妙融合，讲好中国故事。越是民族的就越是中国的，我们要在沉浸式的演艺中体现出对精神的培养，把当地文化展示出来，洗涤人们的心灵。”等到淮剧小镇陆续完成二期、三期的建设后，他和团队将继续关注小镇后续的旅游运营。在他的心中，淮剧、杂技已经从昔日的娱乐形式上升到地方文化，淮剧是地方戏曲，更是当代“国潮”。

不论是陈主任、潘国美还是石浩玉，他们虽然身份不同，但最终相聚在沙庄村的土地上，并一起站在九龙聚水的位置眺望远方。人们始终深信，这样的奇观承载着国人的信念，也意味着人们终将获得幸福。这份信念，伴随着乐观和勇气，曾带着第一批沙庄村的来客在此定居，建造自己的家园。而如今，沙庄村将迎来一个新的身份——以“中国淮剧第一镇”的姿态向四面八方的来客张开怀抱。

2

淮剧小镇：请君入戏

文 孔雪　图 九龙口旅游度假区

重访九龙口的清晨，我起了个大早漫步到淮剧小镇边的芦荡。时值元旦，枯荷折腰，莲蓬低头，寒风中，高低错落的芦苇和芒草逆光摇曳出素净的美。人一走近，便也融入了这幅工笔画，与飞在乌桕树枝间的喜鹊为邻。当喜鹊落在一座淮剧凤冠造型的雕塑上，我与这次戏梦之旅的“信物”相遇了。想象这华丽凤冠背后的故事，或许是一位旧日沙庄唱戏的女子，成角后演绎过几多悲喜人生？再走回到淮剧小镇的大街，悦耳唱腔不知从何处飘来。小镇不大，却有情味，让人不知不觉先入了画，继而入戏。

“淮”才可遇　淮剧杂技引人入胜

早十点，循着悠扬的唱腔，我走向小镇入口的拱桥处。扮相秀美的花旦背靠满月（灯饰），如待放之荷立在水面泊船上。翎子尖长，满月圆润，这场戏梦的开端有如明月浮水面，梦的展开则是“拨开水面月还深”。现代淮剧《小镇》中朱文轩喜获荣誉一幕的实景秀演联翩而至，古风秀演“抛绣球”让人忍俊不禁。

演出散场，意犹未尽。关于九龙口“淮杂非遗”的探寻，我从冠服馆开始了。淮剧小镇里有戏衣378种、戏帽276种，在小镇许多角落，我与以团扇、盔头为灵感的街面装饰不期而遇。当戏台开唱，它们又化入台上人的扮相里。沙庄戏苑上演传统淮剧与杂技，留间剧场备有亲子淮剧，沙庄茶馆主打品茶听戏，喜鹊湾则以临水坐台隔水观戏为特色。过戏瘾还有新方式，如淮剧传习所的名角大妆体验、粮仓艺术中心的“妆生晓梦”戏装穿搭游戏。

旧日沙庄在都天庙设有戏台，人们白天劳作，晚上听戏。如今，入夜后的小镇灯火通明，淮剧和淮歌仍在演绎。身着汉服的姑娘立于楼阁上，用四声分明、五调齐全的建湖方言演绎经典民乐曲《花好月圆》，温婉小调随风入耳，任谁的骨头都要酥麻一把。九点，我走入粮仓艺术中心观杂技表演。身姿柔韧的姑娘们顶起绿碗，如见荷塘碧波荡漾，她们将木鼓从自己脚上抛到同伴脚上，如

淮剧小镇游览主题路线图
N
北环线
淮潮大街
百戏小街
南环线
瞭望塔
龙王庙
古皂荚树
悦淮亭
九龙喜事
筑花园
留间剧场
淮剧传习所
1953淮剧主题餐厅
有戏书局
戏藕新
沙庄旧市
剪纸研习社
画糖捏面
藕与
古银杏树
沙庄茶馆
百戏馆
喜鹊湾
南丰桥
Nanhuan Line

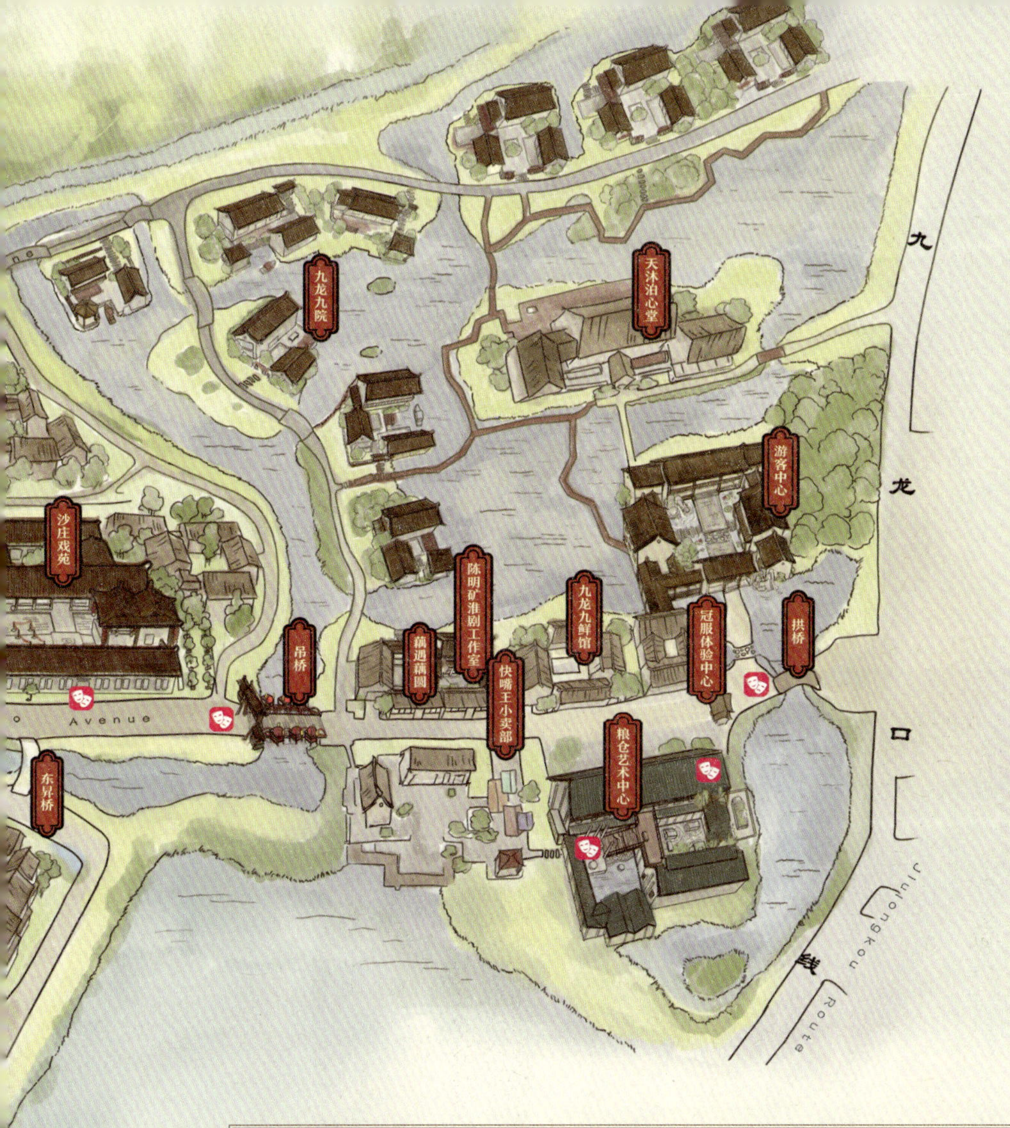

九龙九院
天沐泊心堂
游客中心
沙庄戏苑
陈明矿淮剧工作室
九龙九鲜馆
冠服体验中心
拱桥
吊桥
藕遇藕圆
快嘴王小卖部
粮仓艺术中心
东昇桥
o Avenue
九龙口线
Jiulongkou Route

淮剧小镇，古称沙溪镇，也叫小沙庄，射阳湖畔古村落。四周依水傍湖，河环荡绕；村里河道纵横，水网密布，天然形成“村在荡中，荡在村中”独特空间风貌。

淮剧是传统剧种之一，舞台语言采用建湖沙庄一带乡音俚语。沙庄是淮剧发源地，也是淮剧《小镇》原型地，如今，游客行走其间，能获得剧情场景营造和沉浸式体验，自然感受到“戏在村里，村在戏中”的小镇独特精神内核。

主游线：

如果你初次与小镇相遇，可以沿此路线快速回溯淮剧小镇的前世今生。

非遗文化主题游线：

从此启程，你身着古装，感受小镇的历史韵律，体会小镇中戏曲、美食、手艺等精彩。

诚信文化体验之旅：

摇身一变戏中人，实景演绎《小镇》番外篇。

精品体验之旅：

一条“人在戏中游”的沉浸式戏曲艺术游赏路线。

主游线：游客中心 → 冠服体验中心 → 粮仓艺术中心 → 沙庄戏苑 → 这乡有礼 → 淮潮大街 → 留间剧场 → 九龙喜事 → 瞭望塔 → 喜鹊湾 → 百戏小街 → 沙庄茶馆

非遗文化主题游线：冠服体验中心 → 粮仓艺术中心 → 藕遇藕圆 → 沙庄戏苑 → 淮剧传习所 → 剪纸研习社 → 画糖捏面 → 藕与

诚信文化体验之旅：粮仓艺术中心 → 快嘴王小卖部 → 沙庄戏苑 → 朱文轩的家 → 喜鹊湾

精品体验之旅：粮仓艺术中心 → 沙庄戏苑 → 沙庄旧市 → 喜鹊湾 → 留间剧场

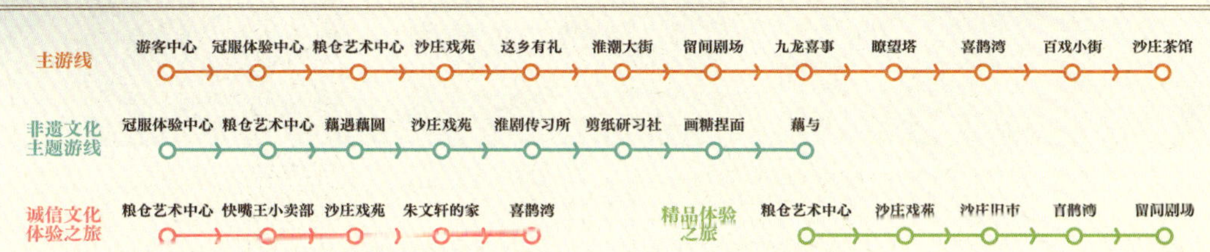

见麻雀飞跃枝头。

如此一日，戏在村里，村在戏中。2016年现代剧目《小镇》荣获“文华大奖”，此后被植入淮剧小镇的规划中。如今剧中18个场景已落成，实景演绎着《小镇》的番外篇。在去往“朱文轩的家”的路上，我深感淮杂真切地活在小镇里，不只以艺术的形式活着，也化入小镇生活中。譬如，走进深夜的便利店，遇见散场后的演员放好行头，坐在窗边吃饭，又或是当我正凝视一幅九龙口风景画作时，身披紫衣的小生如风般从身后经过。梦幻瞬间在小镇皆是常事，“互动”的含义因此更为丰富。不同于旧日戏台上四目相对泪眼蒙胧，如今淮剧小镇里，你我皆在戏里景中，你唱念做打，我身动神游。

诚然，相较时长通常为两三个小时的杂技、淮剧，这些秀演只是一道老少皆宜的引子。小镇的种种创新与淮杂的持续发展相呼应。淮剧从诞生初期就敢于游走四方，在近代多番波折中紧随时代应变。今日的淮剧小镇是创新也是回归。从草根中走出的淮杂在艺术造诣上不断登高望远，当它们回归此地后，更以亲切宜人之姿融入现代人的生活中。

①

②

推门而入　小院美食香飘四溢

在沙庄旧市，推门而入各家院落，所见便是剪纸、糖画、酱油

① 春夏秋冬，朝晨暮夕，不管客从何处来，淮剧小镇随时与你相遇。

② 《小镇》里的人们始终等候在淮剧小镇中，迎接天南海北的每一位朋友。

酿制等非遗技艺，以及“九龙九鲜”、藕粉圆子等当地特色美食。我如走亲做客般步入一个农家小院，从大娘手里接过暖呼呼的油墩子，又见腊肉、鱼干就晒在门外，院里院外皆是亲切。

藕是市集的主角。即便错过了荷花盛开，依然可以食藕、赏藕。镇上人用风干的枯荷、莲蓬装点店铺，也以藕为食材做出鲜肉藕夹、鲜肉藕饺，以及新式甜品，如荠菜、紫薯或海盐馅的藕圆、椰丝糖藕、桂花藕茶。剪纸体验馆里还有许多以藕、荷为主题的作品。建湖的剪纸融合了北方的聚散留白与南方的秀丽线条，人们在年节、婚礼上把剪纸挂上门楣，称为“挂落”。除了剪纸，我还发现写着地方俚语的红纸装饰，譬如“特场子”，若问何意，您不妨亲自来问问店家们。

在咸鸭蛋、腊肉、淮盐渍香鱼等诸多特产汇成的丰盛图景中，我仿佛窥见了旧日沙庄的悠长风韵与浓郁民情。历史上沙庄水路四通，往来贸易频繁，是里下河地区渔业文化和农耕文化的代表。它在 20 世纪二三十年代形成沙溪镇，八九十年代店铺林立，有供销社、八鲜行、柴草行、竹木行、船厂等等。如今，沙庄旧市和淮剧小镇成为一处新的引力场，来客皆可随时随地登门造访，开放的气质吸引了许多非遗技艺、艺文活动和江淮特产汇聚一堂，闻名的央视节目《非遗里的中国》（江苏篇）就在此地拍摄。

古镇有喜　老街见证今世喜乐

“喜”是伏在戏梦的又一线索。这一点，喜鹊早已在清晨告知。

九龙口流传着“喜鹊叫，好事到”的俗语。在小镇上没走几步，我就望见了醒目的婚姻登记处，没想到网友们常戏谑的那句“我把民政局搬来了”已成现实。元旦期间，民政局加班为新人办理结婚登记。旁边是喜礼定制、婚纱拍摄等店铺。新人们在新婚燕尔之际，更可到多个复古场景拍照打卡，如《小镇》复原场景之一快嘴王的小卖部、原汁原味的小镇供销社、集结着慢慢品咖啡厅与理发店的“时光隧道”。老物件琳琅满目，有流行于20世纪八九十年代的流行乐卡带、国民洗脸盆与保温桶、真实的旧报纸和摩登女郎日历，成为新时代婚恋的见证者。有趣的是，复古外壳下也有新鲜生活，譬如在复古口红学院亲手制作口红与香薰蜡烛，文创店有造型各异的淮剧娃娃、芦荡胸针、九龙口风景丝巾等本土文创产品。

淮剧小镇重新诠释了“修旧如旧”。现代文旅为小镇日子注入新滋味，当代人的喜乐事可在古镇中相会，且更显情谊绵长。

①

②

① 在小镇中漫游，像穿越时空，参与一场抛绣球的喜事欢乐，欣赏戏曲服饰主题展，再来一身古装行头，创作一幅剪纸与糖画。

② 许多人来到沙庄供销社，只为寻找旧时光里的生活记忆。

“艺”境漫步　与芦荡荷塘水乡同入画

小镇里也有曲径通幽的宁静之处。循着流动的夹河水，我走入周京新的水墨作品展，在诗意与戏曲的结合中领会到水墨赋予戏曲

人物的流动感。而在“水边是我家——陆庆龙小幅油画风景作品展”中，我常驻足，借画中的水边民居、覆地积雪、水上芦苇，遥想画家“晚来天欲雪，能饮一杯无”的心绪。元旦期间小镇画意正浓，“大美九龙口”写生画展也在展陈。艺术家在水乡安顿一缕静思，小镇渲染出更多元的艺术质地。此外，淮念书房、有戏书局、逆光书屋与若干咖啡馆也是放慢脚步、拉满意境的小憩去处。

更好静的人会偏爱小镇深处的瞭望塔、龙王庙，以及大街两侧少人的小巷。踏着水袖巷的青石板，路过青砖黛瓦的苏北民居，我偶遇了几处保存较好的晚清民居和相互依偎的皂荚“夫妻树”。小镇的巷子宽窄不一，几乎没有死胡同。最窄的小巷里屋檐挨得很近，像极了压低帽檐轻语的小姊妹，却也容得下一人悠然走过。小镇边上依旧有老人家居住，我静静走过，路过门口的小狗、晒着的干菜，更边缘处是一片芦荡，晴时亲近，阴时辽阔，给游人以退路，又望得到远方。想领略四时之景，还可以前往比邻的九龙口湿地公园与荷花漫。盛夏菡萏摇曳时，芦荡晚风亦温柔，星空下来露营，碧浪里寻音乐会。若与我一样在寒冬时造访，不妨窝进温泉酒店，萧瑟芦风里掬暖泉，戏梦人生中知冷暖。

暮色四合，芦荡风起，淮剧小镇之旅行至尾声。几年来蓄势待发的淮剧小镇展现出许多特质，比如传统曲艺沉浸式互动体验、小镇面貌修旧如旧，而小镇日子却新潮鲜活。再如，从传统淮剧传达的忠义信真善美到现代淮剧如《小镇》中弘扬的诚信价值观，淮剧小镇所承载的精神内涵完美融入了文旅体验。

一场戏梦到尾，最悠长的余韵仍来自于淮剧。众人走出拱桥，挥别那颗皎洁的水上月，戏幕落处终是客。一抹淡淡的伤怀，源于淮剧的苍茫底色，归入芦荡深处的风，而在这之后，我更感受到了信念的力量。戏曲中有一种神奇的魔法：再狭小的戏台上，当台上人西望湖荡看烟波浩渺时，台下人便相信那里有远方。

两三年前造访建设中的沙庄时，原始的村庄让我不曾想到它今日的模样。是抱持信念的九龙口人让蓝图落成现实。这次离开时，我似乎也能望见小镇和九龙口更广阔的远方。

✦ 对小镇今昔的演绎，不仅有戏曲与杂技，还有诗文与书画。

小镇

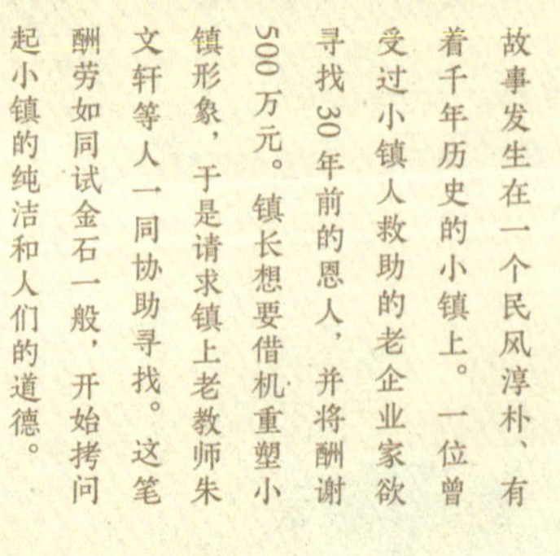

故事发生在一个民风淳朴、有着千年历史的小镇上。一位曾受过小镇人救助的老企业家欲寻找30年前的恩人，并将酬谢500万元。镇长想要借机重塑小镇形象，于是请求镇上老教师朱文轩等人一同协助寻找。这笔酬劳如同试金石一般，开始拷问起小镇的纯洁和人们的道德。

蔡金莲告状

书生王文勇、王文虎兄弟原是官宦子弟，父母去世后家道中落，王文勇赴京赶考，其妻蔡金莲及王文虎留在家中。王文虎本与马娇鸾订下婚约，但遭到老丈人马洪悔婚，王文虎便带未婚妻马娇鸾私奔，却遭马洪报复诬陷入狱。蔡金莲历经磨难，来到淮安王府击鼓鸣冤。不想却与功成名就的丈夫王文勇相遇，最终夫妻、兄弟团圆也成就了王文虎与马娇鸾的姻缘。

白蛇传

中国四大民间爱情传说之一。讲述修炼成人的蛇妖白素贞与书生许仙的曲折爱情故事，不论是篷船借伞、断桥相会、白娘子盗灵芝仙草，还是水漫金山、被压雷峰塔、许仙之子仕林祭塔等，都是跌宕起伏、令人荡气回肠的动人情节。

经典淮剧剧目

绘 兰跃峰

孟姜女

秦朝时期，万家遭奸臣李斯迫害，万喜良被迫逃难，偶入孟家后花园并邂逅孟姜父女。万喜良向孟父诉说逃难经历，孟父念及与万父同朝为官之谊，便收留万喜良并让其与女儿成婚。不料走漏风声，新婚之夜万喜良被抓去关外修筑长城。孟姜女思夫心切，遂只身前往关外送棉衣为夫御寒。她长途跋涉，历经磨难终到长城，却得知丈夫已被迫害致死。她悲痛万分，放声痛哭，哭声感动天地，这段长城就此坍塌。

剃头匠与理发师

1937年秋，日军发动全面侵华战争，省城沦陷。号称『肖神剪』的理发师肖美凤为躲兵灾，只身来到偏僻的仁水县城，开了一家理发店。不料此举得罪了仁水县城剃头同行『罗祖会』会长、人称『马一刀』的马老五，因此产生了一系列摩擦和纠葛。不久后，日本鬼子占领了仁水县城，在共同的敌人面前，两位平凡的手艺人不计前嫌，协力同心，共同对敌，反映了中国人民侠肝义胆、正直善良的品质和不屈不挠的爱国主义精神。

恩仇记

卜府小姐巧珍与丫鬟菊香春游时，菊香意外地遇到离散多年的未婚夫施子章，二人互诉衷情，卜小姐借故回避。卜小姐闲散漫步时不慎遗失手帕一方，被纨绔子邓炳如拾得，他诈名王安邦花言巧语骗取天真的卜小姐好感，深夜越墙到卜府幽会。卜小姐未婚有孕，卜父为此气绝身亡。菊香与巧珍计议进京，投奔施子章。不料中途再遇邓炳如，为摆脱卜小姐，邓竟翻脸无情飞起一脚，可怜痴情的卜小姐连同腹中胎儿一同丧命。邓心知闯下大祸，逃往内弟施子章家。施子章幼年遭难，蒙邓炳如的父亲邓公收留，勤学苦读，终于金榜题名，官居都察院正卿。菊香立誓为卜小姐报仇，义无反顾只身来到京城，向施诉说卜小姐不幸而悲惨的遭遇，施子章进退两难，最终理大于情，正义得以伸张。

淮剧：走过繁华街巷，唱不尽的仍是故乡

文 詹忆梦

摄 李稔等

这本是一个四月的乡村之夜。沙庄村的名字即将成为过去，作为九龙口景区规划开发的一部分，它将拥有一个崭新的名字“淮剧小镇”。村头和村尾是两片工地，挖掘机挖开了松软的泥土，规划图上的房屋、水池、芦苇荡将逐渐在地面上搭建起来，“淮剧小镇”的蓝图一步步走向现实。步入村中的主街，两侧的房屋、祠堂，狗吠、小菜馆里喝着小酒聊天的人们，生活仍然在持续。

这是一种未经精雕细琢的粗糙表演，僮子将唱词吟诵出来，同时用大锣大鼓等打击乐器在旁伴奏。

灾难与巫术：芦荡摇曳着底层生活多少悲喜

树木是村庄中被赋予了传说的植物，一棵将近两百年历史的银杏树从院子中直直长出来，在星空下显得格外高远，仿佛能直插天际，这是因明代移民潮而迁入当地的潘、李两大姓氏家族的宗祠旧址处生长的银杏树。主街的尽头是一座等待重修的龙王庙，庙宇边上有一棵粗壮的皂荚树，树木上挂着红色飘带，寄托着村民的愿望。这枝繁叶茂的树木，被人们认为吸取着天地的灵气精华，保护着这个历经水患的村庄，凝聚着人们势必要生活下去的信心与生命力。

树木能否庇护人尚未可知，村庄却已经历了太多来自水的挑战，并且付出了惨重的代价。过去的沙庄村原本不在我所驻足的位置，而是在村庄的东边名为“大孤墩”的地方，因为地势低洼被水淹没，于是村子又迁到了被洪水冲刷而成的沙丘上，这也是村庄被称为沙庄村的一大原因。

村子位于淮河下游里下河地区腹部的洼地，隶属盐城市建湖县，历史上每逢黄河、淮河并涨，境内便成泽国。洪灾在人们心中留下了可怕的记忆，“雷震九霄、暗无天日，就像是混沌初开，乾坤重定”。明代中叶以后生活更是雪上加霜，由于地方农田的水利修建不受重视，水患频频发生，根据《建湖县志》的记载，明隆庆

✦ 建湖淮剧剧照　王拥军 摄

✦ 人头攒动的演出现场。 王拥军 摄

三年（1569 年），黄淮屡溃……人畜漂溺无数；万历二年（1574 年），大雨如注，次日海啸冲击……溺死男女数百人；崇祯四年（1631 年）黄河再次决口，河水暴涨。这种情况直至中华人民共和国成立前，仍然情势严峻，仅 1899 年至 1949 年的 50 年时间，就有 31 年发生旱涝灾害，平均每三年就要发生两次灾害。而碰上干旱之年，海水又容易倒灌，亦称“咸水西溢”，地方志上的一句“饿殍相忘于道”道尽了灾难带来的噩梦一般的情景。

旧日的沙庄村并不是个例，处于里下河地区的村庄大抵境遇相似，人们似乎生来就要面临与水共生的难题，而在困境之下，人们还是找到了活下去的方法，而这也正是淮剧能够在这里诞生的原因。

当地人总是能深情地回忆起村庄过去盛行的仪式“做会”。这是一种宗教活动，为的是酬神还愿、消灾祈福。在村中，一年到头的生活都贯穿着“会”。根据《恒济公社志》记载，正月有大王会，二月有土地会，五月、七月有太平会，六月有观音会，八月有平安会，到十二月还有冬会。从内容上来看，这些形形色色的会承担了村人生活中方方面面的需求，渔民为了祈求外出捕鱼能够平安回来要做“渔船会”，田间禾苗开始发青就要做为了祈求丰收的“青苗会”。这项活动在当地社会中始终扮演着重要的角色，直至 20 世纪初至 30 年代末，各行各业也有“做会”传统，像粮油、磨坊、豆腐坊、皮匠等各业都以做会的方式来祈祷神明保佑平安。与其说那是一种单纯的宗教仪式，不如说那是底层人民在生活中自发

淮剧也充当了文化翻译的角色，它将《孟丽君》《八美图》等江南的经典剧目移植到淮剧中，也将民国时期上海流行的鸳鸯蝴蝶派小说转译传达到观众的心中。

抵抗莫测命运的方式。

既然有做会的需求，也就产生了一批以此谋生的人，他们被称为“僮子”，又称“香火先生”。“香火先生”是指在菩萨面前看香火的人，他们的真正职能是在仪式上讲唱忏悔祈祷的经文。

这是一种未经精雕细琢的粗糙表演，僮子将唱词吟诵出来，同时用大锣大鼓等打击乐器在旁伴奏。每当唱段结束后，锣鼓的咚锵声响起以表明节奏。随着仪式的规模日渐扩大，这种说唱的形式也随之丰富。

几位僮子开始扮演《劝世文》中的人物，彼此相互配合。有的僮子将玉米须挂在口中作为胡须，扮作太白金星，另一僮子身穿花衫扮演仙女。相比起原先仅仅在脸上点染红纸、在衣服上贴花纸的形式，已经初具表演的性质。这种由僮子表演并且在做会上进行的演出，就被称为“香火戏”，如今则被认为是淮剧的“母体”。

而僮子这个群体如今被认为是淮剧艺人的早期成员。从文字记载来看，僮子的身影最早出现在建湖石桥头《吕氏家谱》，其中就有“清嘉庆元年（1796 年）吕氏九世世凰公演香火戏”的记载。根据调查，清末民初时盐城西北乡有从事香火戏的艺人 100 多名，而这些艺人后来又转而学习戏曲，成为淮剧专业表演艺人。

流动的乡音：跨越边界的地方戏曲

僮子的香火戏本来只是小城故事中一颗不起眼的尘埃，随着历史的潮水起起伏伏，三年五载之后，就变成了往事，在人们的记忆中淡去。但在如今看来，那些曾经散落在当地的唱演活动，却汇聚成了一颗明珠，随着时间的磨砺，越发光彩动人。

淮剧，一直广泛流行在淮河下游的里下河地区。无论是扬州、淮安、盐城，还是宝应、建湖、阜宁，都是淮剧的舞台。它们之间湖荡相连，水网贯通。当地的不少老人都能清晰地回忆起，曾经的淮剧艺人仅凭一条小木船，就能纵横里下河地区搭台唱戏的往事。

九龙口，是淮剧得以在里下河地区开枝散叶的牢固根系，也描绘出淮剧传播的路径和图景。沙庄村的潘国美一边翻看着族谱，一边告诉我，他的家族在明初时，因朱元璋的移民政策从苏州阊门迁到当地，经过数百年的繁衍，如今已成为本地最大的家族之一。不仅如此，他还向我清晰地描述出族人眼中九龙口的往昔胜景。

村中的旧码头正对着九条汇合的水荡，便捷的水运交通，吸引着附近村镇的人们聚集此地，经年累月间，这里就成了商品贸易的集散地。每当夜晚降临，上百条船只停靠水岸，船头点起的灿烂星火，将村镇的夜晚照射得宛如白昼。到了次日清晨，早市开始了，人头攒动间，叫卖声、还价声更是络绎不绝。于是，操着水腔旱调

当地人总是能深情地回忆起村庄过去盛行的仪式『做会』。这是一种宗教活动，为的是酬神还愿、消灾祈福。

✦ 淮剧演员在后台化妆。

的艺人们也就划着木船循河而来，他们的船上装载着演出的华服和珠翠，他们渴望能在这市集上搭台献艺，解决生计的同时，更能唱出名气。

江苏北部一带，向来有以歌唱表达心境的传统。而九龙口，则连接起那些散落各地不成系统的小调歌谣。早期，江苏北部地区的劳动人民，习惯在盐田、农耕、划桨、打渔等劳作中唱起“牛歌”“号子”“田歌”，此起彼伏的歌声使人们沉浸在同一个满是汗水与辛劳的世界，即便是天大的苦也能撑下去，甚至还生出一丝潇洒。这些带有劳动色彩的歌声，构成了淮剧早期的腔调，便被称作“呵大嗨”调。

若是碰上了荒年，不少人就在一路行乞的逃荒途中，用竹板击节的方式，挨家挨户清唱着民间小调。演唱者无疑将自己的心境融入了歌声，凄苦的唱词和悲伤的曲调诉说着可怜人的遭遇，也构成了淮剧艺术的动人内核——悲剧精神。在淮剧中，“大悲调”“中悲调”“小悲调”都是表达哀愁、矛盾和纠结而生的唱腔。

而淮剧能成长为成熟的戏曲，则要归功于徽剧与京剧提供的养分。在里下河一带唱戏的艺人，他们的生活都漂在水上，唱过了沙庄村的码头，就要划着船去下一个码头，九条河流通向不同的舞台，给予他们新的希望。

香火戏、门叹词的艺人们渐渐合流成为临时搭档，在不同的乡镇登台时，临时凑上一个小剧团。有人吹拉弹唱，样样在行，有人身怀绝艺，功夫过硬。在这种情况下，淮剧艺人和徽班艺人就有了

1953年，经由周恩来总理建议，国家将这一剧种正式命名为『淮剧』；1962年，淮剧考定委员会将建湖方言确定为淮剧舞台行腔与道白的标准语言。从此，建湖作为流传于上海、江苏、安徽、浙江等地淮剧的发源地，便有了『淮剧之乡』的美誉。

相逢的机会。

这种被称为“徽夹可”的演出形式在盐城西北部活跃了一百多年，人与人之间的交流与浸润，使淮剧一次次地在舞台上衍生出了特殊的魅力。据说，早期的表演随手用柳枝当作道具，几个演员走来走去互相接唱。当时，徽剧演出形式的成熟度已远超淮剧，淮剧艺人便从徽剧中寻找一切可借鉴的部分——服装、配乐、程式……一位名为周二娘的艺人甚至创造了“整容、甩袖、披衣、拔鞋”等一系列的表演细节，不只凝铸了她的个人风格，还为当地留下了一句著名的歇后语——“周二娘的小戏——格式多”。这种因同台演出而造就的借鉴方式，始终贯穿于淮剧的成长史中。另一个例子，是在20世纪初，淮剧进入上海后，淮剧艺人因与京剧艺人同台表演，而创造了“京夹淮”的表演形式，在这个过程中，淮剧吸取着京剧的灵感，从而开创了新的唱腔。

至此，淮剧已经完成了从乡间小戏到具有独特风格地方戏曲的蜕变，背后可见的是这些乡间艺人的成长，他们从念唱经文的乡间庙宇走向了辉煌的舞台，从河流走向了更宽广的世界。生活的磨砺给了他们机敏的智慧，他们与京、徽艺人相遇、竞技，在饱受困苦的生活中求新、求变，最终唱出了自己的戏。

乡音无疑是地方戏曲的灵魂。过去，在淮剧盛行的里下河地区，并行着多种方言，它们都属于江淮方言区，但由于水土差异，有着“水腔旱调”之分。处于盐淮交界处的建湖县，方言语音纯正、词汇丰富、四声分明、无卷舌音。许多淮剧艺人在表演中发现

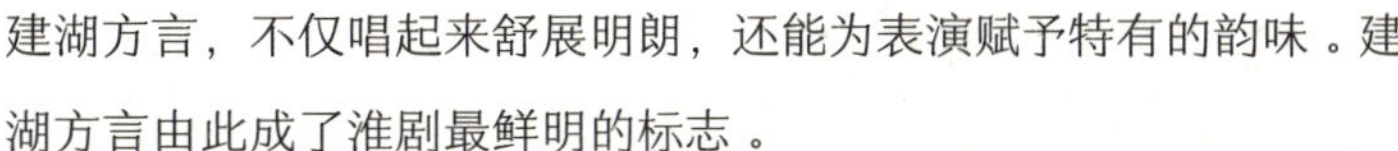

建湖方言，不仅唱起来舒展明朗，还能为表演赋予特有的韵味。建湖方言由此成了淮剧最鲜明的标志。

1950 年 11 月，在建湖启蒙学艺的淮剧“马派老生”创始人马麟童，首次在自己演出的戏单上推出“淮剧”二字；1952 年，上海人民淮剧团赴京出席全国第一届戏曲观摩演出大会，“淮剧”一名被正式载入国家文件档案；1953 年，经由周恩来总理建议，国家将这一剧种正式命名为“淮剧”；1961 年，淮剧考定委员会将建湖方言确定为淮剧舞台行腔与道白的标准语言。从此，建湖作为流传于上海、江苏、安徽、浙江等地淮剧的发源地，便有了“淮剧之乡”的美誉。

登堂入室：大上海唱出新腔引来满堂掌声

一场罕见的水灾改变了无数人的生活，也改变了淮剧的命运。这场水灾在县志上只留有简单的一句记录——清光绪三十二年（1906 年），因洪泽湖泛滥，出现百年罕见的水患，盐阜地区一片汪洋，人们纷纷逃荒流落到上海、苏南地区。而在淮剧世家何双林的口中，这却成为何家历史的转折点。

最适合逃荒的仍是水路，沿着西塘河一路向南，沿途不乏意外丧生和丢失财产之人。即便如此，上海带给逃荒人的依旧是生活的希望，那里有着和盐城西北部地区全然不同的气息。近代工业的发

① 造型师在为淮剧演员整理妆容。

② 淮剧小镇 IP 形象“淮娃”。

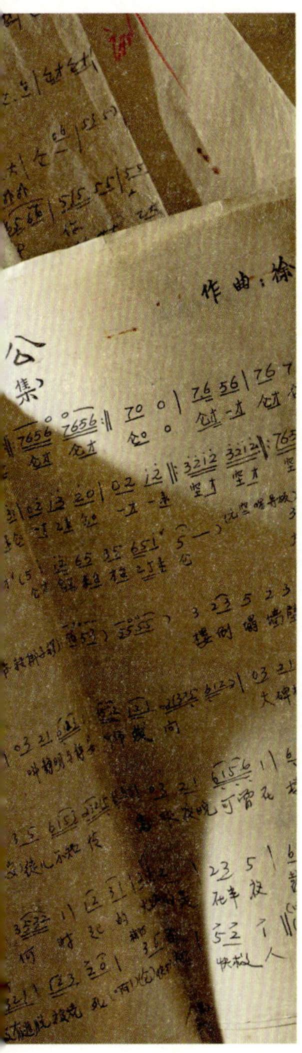

展带动商业的繁荣，黄浦江两岸繁忙的码头和密集的工厂，为外来者提供了数量庞大的工作机会。

苏北移民便是在这一阶段完成了农民到工人身份的转变。他们承担起城市中最底层的工作，一时间，上海的黄包车夫、码头工人、澡堂工人，都成了苏北人的谋生职业。越来越多的苏北人依靠着亲属网，陆续来到这十里洋场。

淮剧在里下河地区广泛演唱之时，尚被称为“三合子”或“盐阜小戏”。但要论起淮剧地位的确立和正式定名，则与上海有分不开的关系。

在何双林的记忆中，何家两位老人何孔德和何孔标正是带着家人来到了上海——这个被视为天堂的都市。他们白天在码头上干活，晚上住在苏州河畔的小船上。叔祖父何孔德早年跟着徽班学戏，后来在当地广收门徒，使一批淮剧艺人得到了专业的训练，当一家人在上海稍稍安定后，何孔德又通过他的组织能力，在上海搭起了戏班子——“何家班”。

这诚然是劳工生活中的一剂强心针。但都市的诱惑与他们的生活全然无关，人们仍然紧紧依偎着自家的木船。挤在都市边缘贫民区的人们，有的住在简易草棚子中，有的还是住在船上。船只漂在城中河上，像是逃难者失去故乡、居无定所的隐喻。

日子虽然苦，但是能听到乡音总是好的。观看用建湖方言演唱的淮剧成了劳工们最可亲的娱乐活动。淮剧一开始就在大马路上表演，用布条围出一块表演的场地，看戏的人在表演结束后给

✦ 泛黄的老台本。

✦ 淮剧演员日常训练。

些钱，就是“拉围子”。条件稍好的时候，就到茶楼演出。能在戏院表演，无疑已是上选。戏院，大多位于棚户区附近，由民房改造，用泥土土砖搭成舞台和座位，观众入场看戏只需五个铜板。到了晚上，戏班子就直接睡在舞台上。

何双林生动地向我描述着父亲何叫天的往事。何叫天出生于上海，因为从小跟着父辈学戏，10 岁就登台献艺。当旧式唱腔无法支撑起剧中多样的情感时，他便将众多唱词串联在一起，在落音和节拍上采取了微妙变化，用很快的节奏接连不断地演唱下去，情感随之推进。戏中人愤懑不甘的心情就在这连环句中得以宣泄，后人称之为“叠字连环句”。在场的观众最初听到还只是惊愕，继而窃窃私语，当戏演上几天，何叫天再次演绎“叠字连环句”时，观众们才意识到，这是演员针对舞台创造的新唱法，台下爆发出满堂的掌声和喝彩。

20 世纪上半叶可视为淮剧在上海发展的黄金时期。何叫天创新“叠字连环句”的同时，马麟童的“三截调”、李玉花的青衣腔“六字句”、王亚仙的“回龙腔”都占据重要地位。追溯到更早，几位淮剧艺人借鉴京剧拉弦乐托腔的方式，创造了“拉调”，为新腔的创造和发展奠定了条件，也鼓舞了艺人根据自身表演风格创造新腔。

上海也给了淮剧生长的空间。传统的淮剧中，小人物受苦受难的悲情情节已不再受欢迎，为了吸引上海的观众，淮剧开始追求情节的离奇曲折，继而创造了连台本戏，演完一部成熟的剧目则需要

淮剧在里下河地区广泛演唱之时，尚被称为『三合子』或『盐阜小戏』。

数月甚至一两年的时间。它以未完待续的悬念和丰富的唱腔使得观众如痴如醉，其强大的市场号召力，促使淮剧在上海戏曲界的地位一步步抬升。

一部名为《七世不团圆》的淮剧剧目糅和了各种传说，角色谈情说爱、历经战争、闯荡江湖……虽然悲情是淮剧一直擅长的表达方式，却不是唯一的主题。观众在观看了世代人生的不团圆、不完美后，与演员一同流下了泪水，共鸣使得他们在大团圆的结局中收获了同一个美好的愿望。

淮剧也充当了文化翻译的角色，它将《孟丽君》《八美图》等江南的经典剧目移植到淮剧中，也将民国时期上海流行的鸳鸯蝴蝶派小说转译传达到观众的心中。它唱出了都市中边缘人群的脾性，也唱出一个群体的人生——那些矮小房屋与佝偻背影并非人生的所有，除了苦难，他们有生而为人的尊严、对抗权威的胆识，还有心怀天下的正义和开怀大笑的潇洒。

事实上，演员也是观众，戏中人和局外人本质上经历的是同一种人生。他们通过戏曲互相慰藉，共同完成了一次对生活的抵抗，淮剧正是此番情感沟通的媒介。这也是何双林认为淮剧之所以能够在上海立足的原因。

1937 年，上海江淮戏公会成立，“江淮戏”取代了“江北戏”的称谓。一批票友在码头、工矿等地组织演出，里弄、街道也有剧目开始上演，一时间培养了大批观众。1949 年，上海江淮戏公会改名为上海淮剧改进协会，此前在上海流传的江淮戏、淮戏、江北

戏等旧称谓都朝着一个统一的名字“淮剧”靠拢。四年后，经周恩来总理提议，国家正式将该剧种命名为“淮剧”。这是一个新开始，从前那些被蔑称为“戏花子”的艺人凭借努力一步步走入文化的中心，他们不再是“夏歇屋檐，冬蹲野庙”的边缘漂泊者，而是了不起的创造者。

① 经典淮剧《太平天国》剧照，著名淮剧表演艺术家何叫天在其中饰演忠王李秀成。 何双林 供图

② 经典淮剧《秦香莲》剧照，著名淮剧表演艺术家何叫天饰演老丞相王廷玉。 何双林 供图

③ 经典淮剧《秦香莲》剧照，著名淮剧表演艺术家何叫天饰演包公。 何双林 供图

④ 经典淮剧《杨家将》剧照，著名淮剧表演艺术家何叫天饰演八贤王。 何双林 供图

演员的修养：让时代永远流淌着淮剧的声音

何双林住在上海。今天，人们从建湖到上海，只需要搭乘时长不过两个小时的高铁，但对于何双林来说，这段路程却意义非凡。20 世纪 80 年代，为了帮助建湖淮剧团排练剧目，何双林习惯坐夜车赶到建湖，下车时已是凌晨两点，随便找个地方休息一下，待天色转亮后，他仍然是剧团里第一位到的人。排练结束后，何双林再搭上晚班车回到上海。如此披星戴月辗转两地，何双林早已将自己当作建湖人，一来为家乡淮剧做点事，二来是为延续家族传统。

何双林的父亲何叫天尽管出生在上海、表演在上海，却曾因战争动荡，随着家人返回建湖老家。何叫天曾经回忆道：“1937 年，抗战爆发，我含泪离开家门，回到江苏建湖老家。在苏北，我搭上草台班子，在盐阜一带乡下演唱。”他的少年时期都在建湖度过，在当地结交了不少朋友，厨师、浴室的侍者……还跟京剧戏班子的艺人在一块儿玩。

① ②

① 著名淮剧表演艺术家何双林与夫人李忠兰合照，李忠兰曾任上海淮剧团二级化妆造型师兼服装设计师。

② 革命现代剧《血沃中原》剧照，何双林在其中饰演老党员、老工人陈春和。 何双林 供图

淮剧艺人对于家乡的情感格外鲜明，在淮剧艺人何小山的《戏与梦》中，有一段描写淮剧艺人的唱词——“先祖逃灾荒，背井离家乡，口含黄柏味，有苦自家尝……千里迢迢路，飘然过长江”“淮调老拉调，苍劲古朴腔”。淮剧艺人即便在舞台上唱响了名声，闯出了名堂，但最令人感怀的仍然是熟悉的乡音与腔调，他们口中唱的是淮剧，就等于将故乡背在了身上。早、中期的淮剧艺人大多出自建湖，建湖也是一个艺人漂泊一生后想要回归的终点。

何双林记起，父亲的最后一场戏是在建湖的九龙口镇表演的。戏唱完了，一辈子也走到了头，这像是一个独特的隐喻。父亲去世后，他遵照父亲的嘱咐，将父亲的骨灰撒在了九龙口的芦苇荡里。那仿佛是一个淮剧人、建湖人梦境中的水乡——九条蜿蜒河道通向远方，一人、一船在这天高地远的湖荡上能够走向任何一个地方。这是水的路，也是戏的路。何双林认为，热爱戏剧的灵魂到了任何一个地方，都可感受到淮剧的雅韵，就不会感到孤单。

何双林频频造访的建湖淮剧团至今仍在演出。周六，下起了绵绵细雨，一个老人背着手急急地走着，和许多观众一样，他也赶着下午两点钟的场子来听戏。雨中的棚子下已是人头攒动，蓝色的塑料椅也被尽数占满，剩下的人站在长廊上，或是打着伞站在雨中。灯光亮起，演员登台，底下有人跟着曲调轻轻唱和起来。他们时而哈哈大笑，时而窃窃私语，仿佛无论时间怎么轮回，台上的人仍然不老，故事永远值得讲述。

何双林曾经练的那些功夫——吊嗓子、唱段、形体基本功、翻

跟头等，现在的演员依然在练，一样不少。如今的淮剧团艺人何敏星向我提起，剧团在艰难关头时，大家跑遍天南地北，最终用表演来获得认可的经历。他们使出全部功夫，厚厚的油彩涂在脸上，身上还有容易复发的旧伤。一个艺人的舞台生命有限，撑下去的动力往往只靠一股“不想丢淮剧人面子”的信念。

让何敏星最为怀念的，是他曾经到浙江某个县城表演淮剧的经历，在一个并非自己故乡的地方，和其他地方剧种同台表演，你方唱罢我登场，表演结束后灯光亮起时，看到的是台下一张张听得心驰神迷的脸庞，这是每一个淮剧人眼中最为光彩、骄傲的荣耀。

如今的淮剧团创作了不少反映当代生活的剧目，戏曲站演出内容一直是大家喜闻乐见的，台下观众有了变化，戏曲的形式也随之变化。而现在的观众需要什么，恐怕是当代戏曲都在苦苦思索的问题。这些问题也让淮剧人不断调整自己的社会定位，不论是进入当代课堂，还是承担建湖方言推广的角色，抑或是跟文化旅游事业相融合，为外来游客展示地方戏曲的魅力……都将成为淮剧的可能。这恰好印证了当地的一句话：“灵龙水乡，建湖有戏。”

这个时代需要淮剧吗？淮剧需要传达什么？淮剧艺人的心中有共同的答案。在讲求即时满足的当下，人们已经找到了太多的喜与乐，因为快乐太容易得到了，幸福已经很常见了，悲伤的表达显得更为珍贵。或者说，悲情就是一种力量，正如何双林在最后对我说的，“我们难道没有悲吗？悲能使我们坚定意志，而不是更加消沉。”淮剧艺人已用他们的一生证明了这一点。

『先祖逃灾荒，背井离家乡，口含黄柏味，有苦自家尝……千里迢迢路，飘然过长江』。

✦ 淮剧《谷家大事》取材于建湖当地的“正清米业”于正月初五向武汉捐赠大米的真实事例，书写了一群普通人在突发大疫之际的报国大义与情感抉择。 九龙口镇 供图

建湖杂技：朝着更宽广的舞台走去

文 詹忆梦
摄 李稔等

对于建湖杂技艺人来说，当今的世界是新的。当一个时代远去，他们只需报以温暖的怀念。这个世界远比江湖要大得多，杂技的天然使命就是不断走到更广阔的天地中去，走到人群更聚集的地方去。

汉人张衡在观看了杂技表演后，激情写下《西京赋》，其中提到的『总会仙倡，戏豹舞罴。白虎鼓瑟，苍龙吹篪』场面，就是象人扮演出来的幻境。

欢乐盛会：打造一场“中国式狂欢”

历史上重大时刻他们都未曾缺席，但鲜有人知道他们的身份。赶上太平盛世，人群往来，大小宴席不间断，他们的身影就频繁地出现在最热闹的地方，不知东方之既白。汉时的明月，唐时的风，宋时的雨，等到下一个历史轮回开启，他们又悄然无声地现身街头，向人们表演着令人迷醉的把戏。而史书却从未正面记录过他们，而是将他们称作“玩杂耍的”“耍百戏的”，现在，他们有一个正式的名字——杂技艺人。

翻开中国的历史，会发现杂技艺人的存在感实在不高，少有人能留下完整的名字。汉武帝时期国力空前强盛，皇帝本人成为杂技的爱好者兼导演，设立“乐府”，对宫廷音乐进行管理，同时又设置“散乐”部，将杂技乐舞收入皇家娱乐项目中。皇家热衷杂技的同时，民间宴饮也有杂技乐舞的表演。象人正是在这一体制下出现的，指代专门从事“乔装动物戏”表演的杂技艺人。

在山东沂南县一座东汉古墓中的石刻上，仍然可以看到距今千年的精彩杂技表演。在石刻的《百戏图》上，一组正在表演汉代流行技艺的艺人，有的做抛掷短剑状，有的做额顶长竿状，还有的人正在起舞，身侧有七只盘鼓。这组艺人的身后是一组配备齐全、正在伴奏的乐队，不论是捶鼓的鼓师，还是端坐的乐师，姿态各异。

✦ 江苏省杂技团于 2016 年在全国首创的大型诗词歌赋杂技剧《小桥流水人家》中，演绎的是一场动人美好的爱情故事——江南烟雨中，小乔和刘水在日常劳动中相遇、相恋，时逢大明王朝开辟世界海路，刘水加入船队，分别的日子里，二人始终坚守情义，最终有情人终成眷属。 江苏省杂技团 供图

✦ 如今，江苏省杂技团每年会面向全国各地遴选学员，杂技需要艰苦的训练和长时间的学习，基本功更要从小抓起，在杂技团常能看见年纪尚小的学员或独自，或在教师指导下训练。

乐队后还有惊险的走索表演，正在倒立的艺人身体轻盈，宛如一只展翅的燕子。

当动物乔装进行幻术表演时，就是象人献艺的时候。象人的技艺是乔装表演，也叫“假面之戏”。汉人张衡在观看了杂技表演后，激情写下《西京赋》，其中提到的“总会仙倡，戏豹舞罴。白虎鼓瑟，苍龙吹篪”场面，就是象人扮演出来的幻境，于是石刻上浮现了一幕幕“侲僮戏兽”“鱼化为龙”的戏码，象人时而是马，时而是雀，时而是狮子，模拟着仙境中的奇珍异兽。这场大型演出，不仅有肢体技艺、高空惊险技艺、乔装表演、幻术等环节，又有乐队配乐，并搭配精致的服饰妆容。这些石刻为这群汉代杂技艺人留下了一张张绝佳的“舞台照”。

当时间来到大唐盛世，我们又见到了这群舞台高手。唐代两座超级都市崛起，在国际上享有盛誉。都城长安容纳了各国人群，手工业中心扬州富商云集，奇珍异货亦不新鲜。开放的政治环境，吸引异国艺人涌入，他们带来了西域杂技，使中原杂技有了“百戏”的规模。仅在《乐府杂录》中，就有吞刀、吐火、筋斗、旋盘等记载，它们都归于百戏的范畴。唐玄宗比起汉武帝能看到更多样的表演，开元盛世时兴建的两大百戏表演场所，使当时的帝王群臣乐享长安的繁华之夜。

历史上专职的杂技艺人大多出自社会底层，他们出身寒微、家境贫困。历史为帝王将相书写了传记，留给文人墨客自我表达的纸笔，却没有给杂技艺人留下太多记载。隔着遥远的历史，我不禁遥

① | ②

① 杂技团学员在练习顶缸项目，长时间进行这项训练，学员头顶会因此缺失部分头发。

② 杂技团学员在教师的指导下练习倒立。

想，他们是谁？直到我来到建湖，有关中国杂技的另一个视角才被缓缓开启。

建湖杂技在2008年被认定为国家非物质文化遗产，而让建湖人更为自豪的，则是另一个荣誉——“中国民间艺术（杂技）之乡”，这是建湖人在心中对于杂技的认同。

建湖杂技在2008年被认定为国家非物质文化遗产，而让建湖人更为自豪的，则是另一个荣誉——『中国民间艺术（杂技）之乡』，这是建湖人在心中对于杂技的认同。

江湖传说：从“十八团”到蓬勃发展的民间竞技

故事要从一个鲜为人知的名称——“十八团”说起。远古时期的建湖在海流的冲刷下，形成了隔断大海的沙堤，与此同时，古射阳湖逐渐形成，最终形成了东临黄海、西属湖荡的独特地势。先民在此定居，开始以煮盐、打鱼为生。

其中，庆丰乡比邻大海，便成为盐民集中的地方。干旱、海水倒灌、蝗灾、水灾频发……在恶劣的环境面前，来自四处的盐民只能紧紧地团结在一起。“白头灶户低草房，六月煎盐烈火旁”，描绘的便是盐民的日常生活。盐民们围聚在大铁锅旁煮盐，采用“团”的集体生产活动方式，逐渐在庆丰形成了“十八团”的聚居局面。

在荒凉的大地上，盐民的生活尽管单调，却形成了一种生机勃勃的气氛。闲暇时刻，盐民耍弄起了缸、碗，作为游戏的地方杂技就这样兴起了。1980年，邻近“十八团”的草堰口丰宁村发

✦ 遴选学员有着极高的要求，身体条件最为重要。除日常杂技训练外，杂技团还为学员安排文化课的学习。

掘了一批西汉墓葬，据说墓室的壁画上就绘有类似摔跤的杂技图像——“角抵图”。此外，相传收成村的古戏台石刻上，曾留有杂技的图像。古戏台就建在唐初的罗汉院前的广场上，用来表演百戏，戏台墙体上刻着爬竿、吞刀、吐火等杂技表演的景象，后来毁于日军炮火，至今无法得见。但可以猜测的是，盐民出身的“十八团”已经在很早的时期转为杂技艺人，并且公开表演，有着极为丰富的表演经验。

20 世纪 70 年代，元代的崔彬墓在建湖县庆丰乡被发现。从出土的墓志铭中得知，崔彬是盐城县新兴场（今新兴场镇）人，曾在三个盐场任要职达三十多年，生活殷实。类似崔彬这样的盐官，对“十八团”杂技曾起到重要的推广作用。

国家对于盐业的垄断经营可从汉代“盐铁官营”政策开始追溯，为了增加财政收入，全国各郡县都设立有盐铁官，以便于管理盐铁的生产与销售。在苦寒之地任职的盐官，时常会组织观看当地的杂技表演，在盐官返京或流动到其他城市时，杂技又会被带入其他地区。不妨做一个合理的猜想，“十八团”的杂技艺人正是通过这一途径，从苏北乡间走入都城长安，进入宫廷献艺，最终被定格在建筑、唐诗等载体中。如今，我们看到欢腾的杂技艺人高举着双手舞动的模样时，却不能知晓他们的身份和姓名。但这些杂技艺人早已化作艺术的力量，即便时隔许久的尘埃，仍征服了世代人们的心灵。

江苏省杂技团副团长金重庆是建湖人，为了追溯建湖杂技艺术

✦ 九龙口文创开发杂技文化 IP 形象。

据说，以『十八团』为中心，方圆百里内的百姓大都对杂技情有独钟，劳动之余，从孩童到年长者，都能随时露上一手，不论是在村头还是田间，都有在练习杂技的人。

的历史，他走遍了早期建湖杂技盛行的村镇。提及走访时的经历，他告诉我，一切都变得太快了，许多故事只能从祖辈、父辈开始追溯，老人口中的杂技表演，经过长期的演变、失传、绝迹……想要再梳理出杂技艺术在世代艺人间的流传，则变得尤其困难。

即便如此，建湖文化却依旧诉说着杂技与本土之间的亲密无间。据说，以“十八团”为中心，方圆百里内的百姓大都对杂技情有独钟，劳动之余，从孩童到年长者，都能随时露上一手，不论是在村头还是田间，都有在练习杂技的人，每逢年节与婚丧嫁娶之时，杂技艺人都被邀请前往表演。

建湖传统杂技与汉代史料记载的杂技表演有不少相似之处。走索，又称走大绳、走钢丝，相传“十八团”为了方便在水网交错的环境下过河，便将长绳系在两岸的树上，人行走在绳上，就有了“走索”的原型。而爬竿，则是人们为了躲避频繁侵扰的海潮，时常爬到树上，最终给了高空杂技节目的灵感。除此外，串芦席、耍坛子……都留有早先人们生活的痕迹。杂技，最终成为一种激发生活信念的体育游戏，不仅增强人的体质和力量，更是对身体灵巧性与心理意志力的考验，体现出表演者内心的胆魄。

身怀绝技：遥想一段草莽英雄辈出的岁月

金重庆向我感叹，当他看到杂技老艺人时，眼前仿佛就看到了

✦ 集体车技。 江苏省杂技团 供图

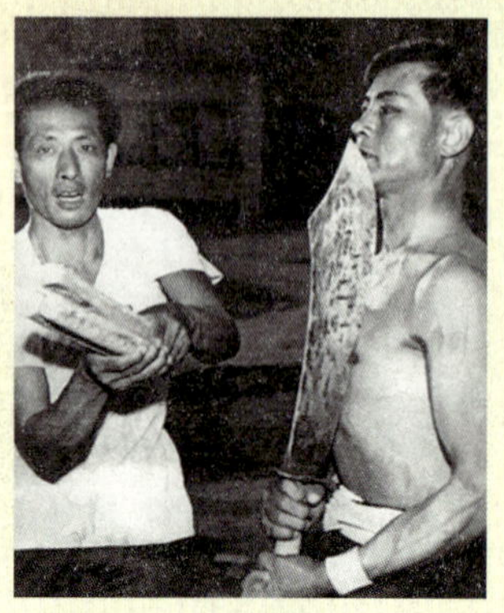

✦ 硬气功。 江苏省杂技团 供图

✦ 参加蒙特利尔国际马戏节，进行顶碗表演。 江苏省杂技团 供图

✦ 参加蒙特利尔国际马戏节，进行柔术表演。 江苏省杂技团 供图

✦ 硬气功中的卡车过人表演。 江苏省杂技团 供图

✦ 滚灯。 江苏省杂技团 供图

✦ 柔术。 江苏省杂技团 供图

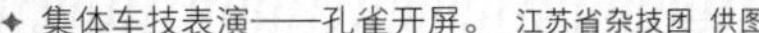

✦ 集体车技表演——孔雀开屏。 江苏省杂技团 供图

现实中的江湖人物，他们身怀绝技，无人知道这一身绝技是如何练就的，也没留下什么供人怀念的东西。但当被人们提起时，大多数人都在用一种怀想的心情去想象，他们是如何凭借一身功夫闯荡江湖的。

杨同根和嵇才良是建湖杂技的老艺人了，当他们坐在一起，互相谈论起学艺往事时，依旧像小时候一样熟络，也印证着家族之间结下的深厚缘分。曾经的“十八团”在扩张后，又经历了几次移民，明初朱元璋实行的移民垦殖政策，致使从苏州迁入了不少杂技艺人，加之杂技艺人返乡等，不断融合后，“十八团”最终结成十大专事杂技表演的家族。在明代永乐年间，十大家族还购入马匹，增加了驯兽、马术等表演节目。

嵇才良学艺时吃了不少苦。因为家里的孩子多，杂技成为家中谋生的主要方式。一家人划着一艘小船，前往不同的村镇进行表演，在孩子的记忆中，只要表演上几天杂技，家里就会有鸡蛋和大米吃。嵇才良从小就练功，父母对他的训导格外严厉，训练上稍有松懈就会遭遇训斥。生活的困苦让他很早就领悟出一个道理：只有练好功，演得好，看客满意，家中生活条件才会好转。小时候那些无从说起的满腔委屈，逐渐成为一位杂技艺人在成长之路上隐秘的苦楚。

相比起嵇才良，杨同根的童年要稍微愉悦一些。杨同根小时候同样住在船上，家境稍好使得家里的船更像是一个移动的房子。船头站立着家中购置的四匹马，船舱中摆着一张八仙桌，大人们平时

对于这些老一辈的杂技艺人来说，杂技这条路，意味着漂泊和流浪，疲劳与伤痛是家常便饭。即便如此，对于他们而言，最落寞的事情莫过于舞台生涯的结束。

✦ 登台演出前，演员们在后台补妆、热身。

演员在一艘龙船外形的高架上表演双手倒立、大摆翻下、梯上倒立、独轮倒立、小头顶、单拐倒立等一系列高难度的动作，于不露声色之中尽显惊人的平衡技巧。作品在继承传统的基础上改革创新，颠覆了传统“软钢丝”类节目。

惊风荡——旋转软钢丝

丫丫戏鼓——蹬鼓

姑娘们用灵巧的脚尖，蹬起飞旋的红鼓，技艺娴熟，配合默契，如行云流水。音乐、道具、服装等均饱含浓浓的南派杂技特色，婉约柔美、含蓄灵动，展示了杂技演员的舞蹈功底及对水乡文化的深刻理解。

杂技动作

绘 兰跃峰

绽放——软功

滚环是一种力技、平衡类的杂技项目。一个直径等同于演员身高的滚环，在演员的熟练运用下，与人物动作配合得天衣无缝，再加之舞台上灯光、音效、舞美等氛围的渲染，最终达到花样百出的动作效果。

建湖杂技以技巧型、柔韧型节目为主，内容则来源于江淮人们的日常生活，再经过艺术的加工和提炼。其中，软功更为考验演员的身体素质，通过对身体柔韧性的训练，做出一系列高难度造型动作，以达到震撼人心的效果。

形与影——滚环

会在桌前打上几圈麻将。杨同根四岁时，就由父亲教导练功。童年习得的功力加上多年的勤奋，使他们二人精通了杂技的诸多技能，并且保持了极长的舞台生命。

通过杨同根和嵇才良二人的成长经历，我的眼前拼凑出建湖杂技艺人的风姿。建湖杂技讲求身体平衡，表演者凭借熟练的技巧，软功夫与硬功夫并行，可以举重若轻地用双足将重达百斤的物品蹬起。在传统项目中，叠罗汉对于杂技艺人来说就是承重能力上的挑战，负重多人的同时，身体依然稳若泰山。能掌握杂技中传统项目的艺人，必然具有劳动者的朴素品质和灵巧的身体素质，也要拥有喜欢大胆尝试新事物的勇敢精神。

光阴似箭，两位艺人已迈入耄耋之年，尽管拥有充分的条件享受晚年生活，但他们依旧挂念着建湖杂技的发展。对于这些老一辈的杂技艺人来说，杂技这条路，意味着漂泊和流浪，疲劳与伤痛是家常便饭。即便如此，对于他们而言，最落寞的事情也莫过于舞台生涯的结束。

前半生身怀绝技、纵横江湖，后半生倘若没有用武之地，建湖杂技的下半场，谁来传承?

是技，也是艺：永远朝着更宽广的舞台走去

当今的建湖杂技面临着现代社会的挑战。其中，最重要的是杂

技艺人对自己身份的认同。杂技虽与音乐、舞蹈一同登台，却没能获得同等的地位。当杂技赶上盛世的时候，人们在欢乐中为其喝彩；当杂技遭遇乱世之时，便受到人们失意的冷落，此时，杂技班子只能用更加惊险的表演来吸引观众。即便是搏命一般的表演，换来的也仅是微薄的收入。

长期以来，社会都存在着对杂技艺人的偏见，艺人常要调整心态，杂技行业也因此存在着代际传承的问题。老艺人跟我提起，杂技是一门近身指导的艺术，过去，杂技的训练和教学是以家庭为单位进行的，家庭成员亲密无间的关系，能最大程度保证杂技的动作细节和完整质感的传承。如今，杂技艺人来自五湖四海，他们怎样成为"建湖杂技"的推动者和传承者，就成了需要考虑的问题。

位于建湖的江苏省杂技团，向我呈现了杂技发展的图景。非遗展馆里展示了建湖杂技，乃至中国杂技的历史。参观者能在这里看到相关道具、服装，也能在剧场欣赏一场杂技表演。从这一立体展览的形式中，不难看出建湖杂技的雄心——杂技不仅仅是节目表演，还能成为一项可互动的文旅体验活动，这种开放式的态度也传递给到建湖学习杂技的年轻艺人。

在和剧团团长吴其凯、青年教师李森的交谈中，他们告诉我，剧团邀请了已经退出舞台的杂技艺人培养年轻的学生，这样能够让老艺人的经验发挥作用，也能解决老艺人无用武之地的困境。同时，为了把外地求艺的学生留下，陪伴年轻艺人成长，给予关

✦ 诗词歌赋杂技剧《小桥流水人家》剧照。 江苏省杂技团 供图

老艺人跟我提起，杂技是一门近身指导的艺术，过去，杂技的训练和教学是以家庭为单位进行的，家庭成员亲密无间的关系，能最大程度保证杂技的动作细节和完整质感的传承。

✦ 杂技报告剧《芦苇青青菜花黄》剧照。以运河船夫的日记形式，讲述上海文艺青年东青奔赴苏北新四军根据地抗日前线，加入华中鲁艺的亲身经历。以杂技语言再现了华中鲁艺师生在根据地开展抗日救亡活动的难忘经历与殊死抗敌的英雄壮举。 江苏省杂技团 供图

怀，同样是剧团应承担起的责任。

从家庭式训练走向学校式训练，从私家传授到公开培训，教育形式上的变化带来了艺人的云集，也丰富了表演上的可能。

卜树权是建湖杂技的国家级非遗传承人。提起八年前在美国林肯艺术中心的表演经历，他仍然心潮澎湃。2013 年夏天，江苏杂技团的《猴·西游记》登上美国林肯艺术中心的舞台。这是根据《西游记》改编的音乐杂技剧。剧中讲述的故事仍然是东方式的，它演绎了《西游记》中人们熟知的经典片段，如大闹天宫、三打白骨精、智过火焰山等。在形式上，不仅将杂技与歌剧的咏叹调、京剧的唱念做打和武术的高难度动作等相融合，还在故事之外，为观众呈现一些特殊的设计。剧目音乐请英国摇滚乐队参与，融合了电子乐、打击乐，造型则借鉴了动漫形象，舞台效果极尽华美，针对每一个角色都设计有烘托氛围感的装置。

建湖杂技似乎就应该站在这样的舞台上。在卜树权看来，杂技艺术天然就具有包容性，它讲求的是肢体的表达，因而更能超越语言、地域的限制，为不同文化背景的观众所欣赏。同时，建湖杂技强烈的东方风格属性，在异国观众看来，影射出的是具有神秘气质的“中国功夫”。当中国杂技立足于传统并兼容世界艺术的时候，必然会引起轰动。卜树权能清晰地回想起当时演出的细节和观众的热情，灯光、汗水、掌声、心跳声……令他倍感自豪的是，建湖杂技将《西游记》这一中国经典名著带到了世界的舞台，并赢得了热烈反响。

走向更宽广的舞台，是建湖杂技的心愿和归宿。当年的“十八团”历经了一代代的传承，走出了无数杂技高手，他们有的漂洋过海，在世界各处落地、生根，最终活跃在大大小小的舞台上；有的则留在当地，与不断加入的杂技艺人交流、碰撞、融合。在这个过程中，传统杂技技艺有的发生了变化，有的被时代淘汰，更多的被注入了新的内涵，孕育出新的生机。

“十八团”像是杂技在远古时期的一个绳结，象征着建湖杂技的某种精神内核，它永远保持年轻，永远走向更广阔的舞台。而建湖作为杂技的重要发祥地之一，作为“中国杂技之乡”，为建湖杂技赋予了深厚坚实的内涵与支撑。不论这个舞台在世界的哪个地方，也不论台下的观众来自何处、属于什么民族，只要能够赢得掌声，建湖杂技人就能义无反顾地勇敢走出去，为了一片新天地去拼搏。对于他们而言，下一站永远值得期待。

淮杂，唱的是剧、演的是艺，都是实实在在的本事。
奋起淮甸，仗剑渡江。建湖人、九龙口人蓄势待发，
勇闯天涯，超然江淮间，敢为天下先。

✦ 诗词歌赋杂技剧《小桥流水人家》剧照。 江苏省杂技团 供图

图书在版编目（CIP）数据

风物九龙口 / 林少波，南旺主编 . – 北京 : 北京联合出版公司，2022.1（2024.5 重印）
ISBN 978-7-5596-5805-0

Ⅰ . ①风… Ⅱ . ①林… ②南… Ⅲ . ①建湖县－概况 Ⅳ . ① K925.34

中国版本图书馆 CIP 数据核字 (2021) 第 260681 号

风物九龙口

主　　编：林少波　南　旺
出 品 人：赵红仕
总 策 划：陈沂欢
责任编辑：徐　樟
特约编辑：张　琳
文字编辑：南　旺
策　　划：中国国家地理 · 地道风物
图片编辑：李晓峰
书籍设计：王喜华
责任印制：焦文献
商务合作：付鑫科
制　　版：王喜华

北京联合出版公司出版
（北京市西城区德外大街 83 号楼 9 层　100088）
北京联合天畅文化传播公司发行
北京华联印刷有限公司印刷　新华书店经销
字数：55 千字　787 毫米 ×1092 毫米　1/20　印张：10
2022 年 1 月第 1 版　2024 年 5 月第 2 次印刷
ISBN 978-7-5596-5805-0
审图号：苏 J（2021）5 号
定价：78.00 元